"十四五"职业教育国家规划教材

"十三五"职业教育国家规划教材

职业教育电子商务专业改革创新教材

网络营销实务

丛书总主编　周天平
丛书副总主编　王　欣
主　编　黄文莉
副主编　余汉丽　李卫薇
参　编　丁　莎　刘靓靓　潘　璇　宋宇一
主　审　王　欣

机械工业出版社

本书为"十四五"职业教育国家规划教材，依据《中等职业学校电子商务专业教学标准》，参照电子商务行业标准和相关1+X职业技能等级标准，并结合网络营销岗位实际需求编写而成。

本书共有10个项目、20个任务、41个活动，涵盖了网络营销平台认知、网络营销文案编辑、搜索引擎营销及优化、E-mail营销、论坛营销、QQ营销、微博营销、微信营销、网络营销效果测评等网络营销职业岗位核心技能。本书采用项目教材编写体例，突出了实践性教学，具有较强的实操性，不仅能很好地激发学生的学习兴趣，还有利于学生对知识和技能的掌握，并且每个项目后都附有项目练习供学生进行自主学习和巩固训练。

本书是中等职业学校电子商务专业的一门核心课程教材，适合作为电子商务、市场营销、移动商务和网络营销等专业的教学用书，也可作为网络创业者和电子商务从业人员的必备参考用书及相关的培训用书。

本书配有丰富的教学资源，包括PPT课件、习题答案等，可通过机械工业出版社教育服务网（www.cmpedu.com）免费获得；同时配备微课视频资源，以二维码形式呈现于书中；通过超星学习通平台建立的网上课程更使本书如虎添翼，辅助教师教学、引领学生自学。

图书在版编目（CIP）数据

网络营销实务/黄文莉主编. —北京：机械工业出版社，2018.12（2024.3重印）
职业教育电子商务专业改革创新教材
ISBN 978-7-111-62057-0

Ⅰ. ①网… Ⅱ. ①黄… Ⅲ. ①网络营销—中等专业学校—教材 Ⅳ. ①F713.36
中国版本图书馆CIP数据核字（2019）第032140号

机械工业出版社（北京市百万庄大街22号 邮政编码100037）
策划编辑：宋 华　责任编辑：宋 华 陈 洁
责任校对：黄兴伟　封面设计：马精明
责任印制：单爱军
北京虎彩文化传播有限公司印刷
2024年3月第1版第16次印刷
184mm×260mm・13.5印张・330千字
标准书号：ISBN 978-7-111-62057-0
定价：45.00元

电话服务	网络服务
客服电话：010-88361066	机 工 官 网：www.cmpbook.com
010-88379833	机 工 官 博：weibo.com/cmp1952
010-68326294	金 书 网：www.golden-book.com
封底无防伪标均为盗版	机工教育服务网：www.cmpedu.com

关于"十四五"职业教育国家规划教材的出版说明

为贯彻落实《中共中央关于认真学习宣传贯彻党的二十大精神的决定》《习近平新时代中国特色社会主义思想进课程教材指南》《职业院校教材管理办法》等文件精神，机械工业出版社与教材编写团队一道，认真执行思政内容进教材、进课堂、进头脑要求，尊重教育规律，遵循学科特点，对教材内容进行了更新，着力落实以下要求：

1. 提升教材铸魂育人功能，培育、践行社会主义核心价值观，教育引导学生树立共产主义远大理想和中国特色社会主义共同理想，坚定"四个自信"，厚植爱国主义情怀，把爱国情、强国志、报国行自觉融入建设社会主义现代化强国、实现中华民族伟大复兴的奋斗之中。同时，弘扬中华优秀传统文化，深入开展宪法法治教育。

2. 注重科学思维方法训练和科学伦理教育，培养学生探索未知、追求真理、勇攀科学高峰的责任感和使命感；强化学生工程伦理教育，培养学生精益求精的大国工匠精神，激发学生科技报国的家国情怀和使命担当。加快构建中国特色哲学社会科学学科体系、学术体系、话语体系。帮助学生了解相关专业和行业领域的国家战略、法律法规和相关政策，引导学生深入社会实践、关注现实问题，培育学生经世济民、诚信服务、德法兼修的职业素养。

3. 教育引导学生深刻理解并自觉实践各行业的职业精神、职业规范，增强职业责任感，培养遵纪守法、爱岗敬业、无私奉献、诚实守信、公道办事、开拓创新的职业品格和行为习惯。

在此基础上，及时更新教材知识内容，体现产业发展的新技术、新工艺、新规范、新标准。加强教材数字化建设，丰富配套资源，形成可听、可视、可练、可互动的融媒体教材。

教材建设需要各方的共同努力，也欢迎相关教材使用院校的师生及时反馈意见和建议，我们将认真组织力量进行研究，在后续重印及再版时吸纳改进，不断推动高质量教材出版。

机械工业出版社

前言

党的二十大报告提出,加快发展数字经济,促进数字经济和实体经济深度融合,打造具有国际竞争力的数字产业集群。

电子商务是数字经济产业中的一个重要领域,它利用互联网技术和数字化工具,改变了传统的商业模式和经济活动方式,促进了商品和服务的创造、销售、交付和交换,为数字经济的快速发展提供了强大的支撑。

本书依据中等职业学校电子商务专业教学标准,组织电子商务专业教师,根据电子商务专业教学改革的需要,结合网络营销核心岗位职责的实际需求编写而成。

随着互联网的不断发展,网络营销正处于前所未有的良好发展阶段,政府陆续出台了一系列政策来扶持电子商务的发展,电子商务的蓬勃发展使得电子商务人才短缺,其中网络营销方向的人才需求量较大。本书根据网络营销工作岗位职责的要求,在编写时突出实践性,重点传授网络营销的技巧,开展各种网络营销的实战方法,以及不同平台上的网络推广实战技巧。全书共有10个项目、20个任务、41个活动,指导学生掌握网络营销的方法和技能,旨在培养学生分析和解决实际问题的能力,把真实的网络营销工作任务提炼出来作为实践项目,让学生第一时间学到真正实用的技能,提升学生的综合职业能力。

本书适用于中职二年级的专业核心课程教学,前续课程可为"市场营销""电子商务基础"等,后置课程可为"网店运营管理""移动电子商务"等。

本书有以下4大特色:

1. 岗课赛证融通

本书以《中等职业学校电子商务专业教学标准》为依据,参照相关1+X职业技能等级标准和职业技能大赛标准,融入新知识、新技术、新工艺,服务行业发展和产业转型升级。

2. 思政元素融入

本书以落实立德树人根本任务为育人目标,在案例的选择上,突出国有品牌、国有企业、重大事件中我国民众的正能量行为,弘扬社会主义核心价值观,着力培养学生深厚的爱国情感、国家认同感、民族自豪感,提升崇尚宪法、遵守法律、遵规守纪意识,使学生具有社会责任感和参与意识,与思政课程一起形成协同育人效应。

3. 职教特色鲜明

本书充分体现项目引领、任务驱动、实践导向的课程设计理念,突出中职教育"学以致用、做学合一"的特点,将网络营销职业岗位能力具体化为多个项目,根据任务主题设计相应的职场情景和实践活动,在任务驱动下让学生"做中学,学中做",激发学生的学习兴趣,让学生变被动学习为主动探究,将相关的理论知识融入实践探究活动中,以够用、适用、实用为度,力求做到学以致用。本书适合项目教学、案例教学、情景教学和工

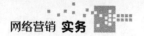

作过程导向教学等多元化教学方式。

4. 课程资源丰富

本书配套有丰富的教学资源包,包括教学PPT电子课件、育人案例、课后习题的参考答案、教学微课视频等教师"教"资源和学生"学"资源,内容与数字化资源紧密结合,满足信息化教学的需要,特别是对采用线上、线下融媒体教学方式起到有力支撑作用。

本书建议按学时完成,具体学时分配如下:

项目	内容	参考学时
项目一	走进网络营销	6
项目二	网络营销平台认知	8
项目三	网络营销文案编辑	8
项目四	搜索引擎营销及优化	8
项目五	E-mail营销	6
项目六	论坛营销	6
项目七	QQ营销	6
项目八	微博营销	8
项目九	微信营销	10
项目十	网络营销效果测评	6
总计学时		72

本书由武汉市财贸学校黄文莉担任主编,武汉机电工程学校余汉丽、武汉市财贸学校李卫薇担任副主编,参编人员有武汉市财政学校丁莎、杭州市开元商贸职业学校刘靓靓、武汉市财贸学校潘璇和宋宇一。在本书编写之初,武汉昕馨向荣文化传播有限公司任晓林总经理、湖北创研楚商科技有限公司庞盖总经理等企业人员参与了教材编写体例、编写内容取舍等框架制定工作,并为教材的编写提供了许多有价值的企业真实案例;在编写过程中,得到了武汉市财贸学校、武汉机电工程学校、武汉市财政学校、杭州市开元商贸职业学校的大力支持,并参考了一些网络营销等方面的网站资料和书籍,在此一并表示衷心的感谢!由于编者水平有限,不足之处在所难免,恳请广大读者批评指正。

编 者

本书配套混合式教学包的获取与使用

超星学习通
www.chaoxing.com

　　本教材配套数字资源已作为示范教学包上线超星学习通，教师可通过学习通获取本书配套的PPT电子课件、电子教案、微课视频、课后练习题、作业包等。

　　扫码下载学习通APP，手机注册，单击"我"→"新建课程"→"用示范教学包建课"，搜索并选择"网络营销实务"教学资源包，单击"建课"，即可进行线上线下混合式教学。
　　学生加入课程班级后，教师可以利用富媒体资源，配合本教材，进行线上线下混合式教学，贯穿课前课中课后的日常教学全流程。混合式教学资源包提供PPT课件、微课视频、课程章节、在线测验和课堂讨论等。

PPT课件　　微课视频　　课程章节　　课堂讨论　　课后练习　　扫码学课程

二维码索引

名称	页码	名称	页码
微课1　网络营销认知	2	微课6　E-mail营销	81
微课2　网络营销工具	4	微课7　论坛营销	101
微课3　企业网站营销	21	微课8　微博营销	135
微课4　网络营销文案	41	微课9　微信营销	154
微课5　搜索引擎营销	63		

目录 Contents

前言

二维码索引

项目一 走进网络营销 / 001

任务一 初识网络营销 / 001
活动一 发现身边的网络营销 / 001
活动二 认识网络营销的方式及职能 / 007

任务二 认知网络营销岗位 / 011
活动一 了解网络营销岗位职业素养 / 011
活动二 了解网络营销岗位职责 / 016

项目二 网络营销平台认知 / 020

任务一 认知企业网站 / 020
活动一 企业网站解析 / 020
活动二 企业网站需求分析 / 028

任务二 认知网店 / 030
活动一 网店解析 / 031
活动二 网店需求分析 / 036

项目三 网络营销文案编辑 / 040

任务一 认知网络营销文案 / 040
活动一 网络营销文案解析 / 040
活动二 了解网络营销文案的写作要素 / 043

任务二 撰写网络营销文案 / 045
活动一 撰写促销活动方案 / 045
活动二 撰写网络营销软文 / 047

项目四 搜索引擎营销及优化 / 055

任务一 认知搜索引擎营销 / 055
活动一 体验搜索引擎营销 / 055
活动二 设置搜索引擎营销的关键词 / 064

任务二 实施搜索引擎优化 / 068

目录 Contents

  活动一　网站页面基础优化　/ 068
  活动二　网站页面内容优化　/ 072

项目五　E-mail营销　/ 079

 任务一　认知E-mail营销　/ 079
  活动一　E-mail营销案例解析　/ 079
  活动二　细分E-mail营销目标受众　/ 084
 任务二　制作与发送E-mail　/ 087
  活动一　收集E-mail地址　/ 087
  活动二　撰写E-mail主题与内容　/ 090
  活动三　群发E-mail　/ 093

项目六　论坛营销　/ 099

 任务一　认知论坛营销　/ 099
  活动一　论坛营销案例解析　/ 099
  活动二　选择与产品相关的论坛平台　/ 103
 任务二　设计与维护帖子　/ 107
  活动一　设计帖子标题与内容　/ 107
  活动二　跟帖与回帖　/ 112

项目七　QQ营销　/ 117

 任务一　认知QQ营销　/ 117
  活动一　QQ营销案例解析　/ 117
  活动二　寻找与产品相关的QQ目标群　/ 123
 任务二　QQ群推广　/ 127
  活动一　申请加入QQ目标群　/ 127
  活动二　设计并发布与群主题相关的信息　/ 130

项目八　微博营销　/ 134

 任务一　认知微博营销　/ 134
  活动一　微博营销案例解析　/ 134
  活动二　选择合适的微博平台　/ 137

目录
Contents

任务二　微博推广　/141
　　活动一　撰写并发布原创微博　/141
　　活动二　转发评论微博　/145

项目九　微信营销　/151

任务一　认知微信营销　/151
　　活动一　微信营销案例解析　/151
　　活动二　注册微信订阅号　/156

任务二　微信推广　/164
　　活动一　撰写微信标题和文案　/164
　　活动二　推送产品信息与粉丝互动　/167

项目十　网络营销效果测评　/178

任务一　网店数据统计分析　/178
　　活动一　利用"生意参谋"获取数据　/178
　　活动二　网店数据统计分析与效果评估　/183

任务二　网站数据统计分析　/188
　　活动一　利用"百度统计"获取数据　/189
　　活动二　网站数据统计分析与效果评估　/196

参考文献　/201

项目一 走进网络营销

项目简介

本项目中,我们将从同学们身边所熟知的网络营销方式着手,了解网络营销的概念及其作用。通过网络等相关渠道搜索信息,了解网络营销从业人员所应具备的职业素质,认知网络营销相关岗位的岗位职责及要求。

项目目标

- 了解网络营销的概念及作用。
- 知道网络营销的基本职能和基本方法。
- 知道网络营销岗位职责和岗位要求。
- 知道网络营销从业人员应具备的职业素养。

任务一 初识网络营销

任务介绍

说到天猫、淘宝、"双11"、微信摇一摇,大家一定不陌生,但是你们知道什么是网络营销吗?知道网络营销有什么用吗?在本任务中,我们将带着大家走进网络营销,通过发现和接触网络营销,学习网络营销的基础知识,明确网络营销的概念,形成对网络营销的基本认知,知道网络营销的职能和基本方法,能理解网络营销在行业中的重要作用。

活动一 发现身边的网络营销

活动描述

李成响是电子商务专业二年级的学生,由于表现突出,他和另外几位同学获得到某电子商务企业运营部实习的机会,谢伟经理是他们的指导师傅。李成响和同学们都很高兴,但也很紧张,有些无所适从。谢经理看出了同学们的心事,安排李成响担任团队队长,让他带着同学们到网上去搜一搜,找出常见的网络营销形式。

活动实施

微课1
网络营销认知

第一步：知晓定义，理解网络营销。

李成响召集团队成员一起讨论，大家认为虽然对网络营销知之甚少，但是在生活中也接触过不少的网络营销事件，因此大家决定通过百度搜索引擎等渠道，了解网络营销的定义及形式，来帮助深入学习网络营销。

知识链接 》》

网络营销就是以国际互联网为基础，利用数字化信息和网络媒体的交互性，来辅助营销目标实现的营销活动。网络营销贯穿于企业开展网上经营活动的整个过程，从信息发布、信息收集，到开展以网上交易为主的电子商务阶段，网络营销都是一项重要内容。

网络营销实现了一对一的营销，企业可以通过信息技术，辨识目标客户，并将特定的信息适时传递给适当的对象，对不同的客户给予不同的对待方式。

想一想

能否对网络营销定义进行分析，选择出定义中的关键词呢？

知识加油站 》》

电子商务与网络营销的关系见表1-1。

表1-1 电子商务与网络营销的关系

内容		电子商务	网络营销
关联		电子商务与网络营销是密切相关的，网络营销是电子商务的重要组成部分	
不同	研究范围	电子商务的内涵很广，其核心是电子化交易，电子商务强调的是交易方式和交易过程的各个环节	网络营销注重的是以互联网为主要手段的营销活动
	关注点	电子商务的重点是实现了电子化交易	网络营销的重点在交易前的宣传和推广及交易后的二次推广
	应用阶段和层次	电子商务可以看作是网络营销的高级阶段	企业在开展电子商务前可以开展不同层次的网络营销活动

试一试

请根据对电子商务与网络营销关系的理解，选择正确的选项，并将选项编号填入图1-1中的空白框内。

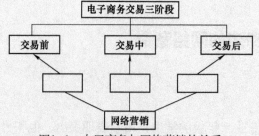

图1-1 电子商务与网络营销的关系

选项：①信息收集　②促进销售　③信息传递　④活动宣传及推广
　　　⑤客户关系维护　⑥二次推广　⑦粉丝互动　⑧客户服务

第二步：辨别营销形式，明晰网络营销特点。

网络营销与传统营销相比有哪些独特之处呢？带着这个问题继续探究。

图1-2～图1-6所呈现的是大家常见的营销形式，请判断哪些是网络营销形式，哪些是传统营销形式，并请议一议它们的区别，说说网络营销的特点。

图1-2　报纸杂志广告

图1-3　微博营销

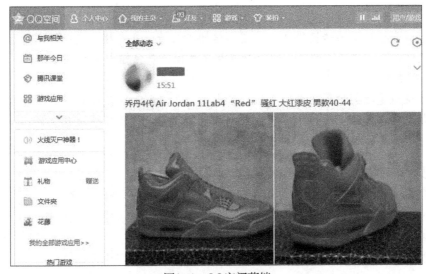

图1-4　QQ空间营销

网络营销 实务

图1-5　超市卖场促销　　　　　图1-6　电话营销

议一议

请议一议传统营销与网络营销有什么不同之处，然后将表1-2中将所列举项目的编号对应填入传统营销与网络营销后的_____上。

表1-2　传统营销与网络营销的比较

比较项目	内　　容
产品	①适合任何产品或任何服务项目，特别适合无形产品和定制产品，如电子杂志、网络服务、软件等 ②无法销售任务产品，特别是无形产品和服务
成本价格	③流通环节多、成本高、线下支付、支付方式单一 ④减少中间环节、成本低，支付方式多样、便利
信息传播媒介	⑤微信、微博、搜索引擎、QQ和E-mail（电子邮件）等，多媒体效果 ⑥报纸、杂志、电视和户外广告等，受时间、版面限制
渠道方面	⑦商场、专卖店、超市、加盟店和直营店等 ⑧电商平台、企业官网、手机App、微店和线下体验店等，不受时空影响，便于统一规划实施
促销方面	⑨一对一沟通、双向互动、消费者主导、非强迫性的 ⑩一对多沟通、单向的、强迫性的、非个性化的

属于传统营销的内容是_____

属于网络营销的内容是_____

请说出至少三种以上的网络营销的特点：_____

知识链接

1. 传播媒介

传播媒介也可称为传播渠道、信道和传播工具等，它是指人借助用来传递信息与获取信息的工具、渠道、载体、中介物或技术手段，是传播内容的载体。

2. 营销渠道

营销渠道是指某种货物或劳务从生产者向消费者移动时，取得这种货物或劳务所有权或帮助转移其所有权的所有企业或个人。简单地说，营销渠道就是商品和服务从生产者向消费者转移过程的具体通道或路径。

第三步：通过网络搜索，找出网络营销形式。

随着互联网影响的进一步扩大，人们对网络营销理解的进一步加深，以及出现的越来越多网络营销推广的成功案例，人们已经开始意识到网络营销的诸多优点，并越来越多地通过网络进行营销推广。

谢经理给小李团队提供了一些网络营销形式的样例，小李团队进行了网络学习。

微课2
网络营销工具

常见的网络营销形式:

形式一:网络广告。

通过网络广告投放平台,利用网站上的广告横幅、文本链接和多媒体的方法,在互联网刊登或发布广告,如图1-7所示。

图1-7 投放网络广告(指出图中的网络广告位置)

形式二:搜索引擎营销。

根据用户使用搜索引擎的方式,利用用户检索信息的机会,尽可能地将营销信息传递给目标用户,如图1-8所示。

图1-8 百度搜索引擎营销

形式三:E-mail营销。

E-mail不仅作为一种个人交流工具,同时也日益与企业营销活动密不可分,因此,E-mail也成为有效的网络营销信息传递工具之一,在网络营销中具有极其重要的作用,如图1-9所示。

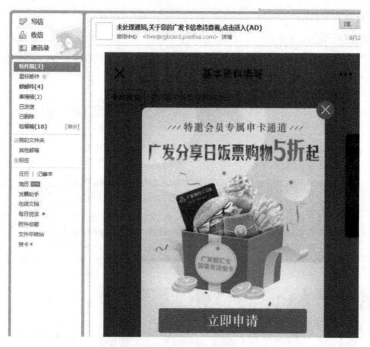

图1-9 E-mail营销

形式四：微信营销。

微信营销是网络经济时代企业或个人营销模式的一种，是伴随着微信的火热而兴起的一种网络营销形式，如图1-10所示。

图1-10 微信朋友圈营销

> 试一试
> 1. 看了以上列举的网络营销形式，请试着说出这些形式的共同点。
> 2. 请思考并结合网络搜索，再寻找2~3个生活中常见的网络营销形式。

活动二　认识网络营销的方式及职能

活动描述

李成响和队员们发现了身边的网络营销,知道了网络营销及其特点,热情一下子高涨起来,但也认识到自己对网络营销的认知还十分欠缺,决定通过互联网深入探究,进一步了解网络营销的方式、职能和作用。

活动实施

第一步:通过案例分析,认识网络营销的方式。

案例1-1

罐头曾在中国传统食品工业中扮演过重要的角色,但是到了现在,罐头行业已不复当年的辉煌,国内消费者对罐头的误解导致其人均消费量远远低于发达国家,市场拓展遭遇瓶颈。而原材料涨价、人工费率提升等生产因素不断增加罐头企业的成本压力,罐头行业分散、集中度低的问题一直没有改观,使得全行业面临严峻挑战。

在这样的形势下,国内罐头行业的发展前景在哪里?在这个互动口碑为王的电商大时代,越来越多的传统行业看到了线上诱人的市场商机,开始入驻互联网,因而,电商市场将是罐头产业接下来最该力挺的市场。

上海梅林正广和股份有限公司(以下简称上海梅林)是我国罐头十大品牌企业之一,它的前身是上海梅林罐头食品厂,该企业正处于一个转型期。上海梅林认识到互联网渠道的特殊性是营销先行,为了抓住机遇,制定了网络营销战略,明确了实施网络营销的最根本的目的是把企业宣传出去,于是在最短的时间内建立了自己的企业网站(见图1-11),并迅速投入使用,将企业网上品牌的知名度提高。

图1-11　上海梅林正广和股份有限公司的网站

同时以网站为载体辅以其他相关网络媒介进行广告宣传、市场拓展,为产品准确定位，采取差异化的网络营销竞争策略，突出了企业形象和企业产品特色。上海梅林抓住了互联网的优势，将网站信息进行整合，构建官方权威的信息源，实现用户与用户之间、用户与网站之间的大规模交互，使网站成为一个很好的营销前台，把线下的交易通过互联网的模式呈现出来，最终爆发巨大能量，使上海梅林成为全国罐头行业十强之首。

想一想

请思考上海梅林的网络营销方式属于哪一种？上海梅林的企业网站在营销中起到了怎样的作用？

知识链接

按照企业是否拥有自己的网站来划分，网络营销的方式分为两类：基于企业站点的网络营销和无站点网络营销。

1. 基于企业站点的网络营销

基于企业站点的网络营销是指通过企业自己的网站开展网络营销活动。

企业网站是企业网络营销的基础，是企业最重要的网络营销工具之一，是综合性的网络营销工具，企业只有建立适合自己企业的网络营销平台，才能更加有效地通过各种途径去开展网络营销，才能使企业网络营销的作用充分发挥出来。

基于企业站点的网络营销方法通常有搜索引擎营销、社会化媒体营销（包括微博、微信、论坛、博客、问答和视频等）、即时通信营销（包括QQ、千牛等）、E-mail营销等。

2. 无站点网络营销

无站点网络营销是指企业没有建立自己的网站，而是利用互联网上的资源（如E-mail、论坛等），开展初步的网络营销活动，属于初级的网络营销。

没有建立企业网站可分为两种情形：一种是企业暂时没有条件或认为没有必要建立网站；另一种是不需要拥有网站即可达到网络营销的目的，如临时性、阶段性的网络营销活动，或者因为向用户传递的营销信息量比较小，无须通过企业网站即可实现网络营销的信息传递。

没有建立自己的企业网站的企业，也可以利用一定的方法开展网络营销，无站点网络营销方法包括发布供求信息、发布网络广告、E-mail营销等，或者利用网上商店和网上拍卖等形式开展在线销售等。对于大多数传统企业，尤其是中小企业，无站点网络营销较为普遍。

议一议

百事可乐曾经联合网易，在春节前做了一个"百事祝福传千里，齐心共创新纪录"活动，网易先以邮件方式，向所有的邮箱用户告知这个活动，网易邮箱用户只要填写自己的姓名和好友的姓名，并写上祝福的话，系统就会自动生成一个有百事字样的祝福彩色邮件，并发送到用户指定的邮件地址去，发送到一定的数量还有奖励。如此一来，百事可乐借助送祝福的名头，在短短的时间内，把自己的品牌影响传导到网易庞大的邮箱用户和其他邮箱用户中间去了。

请分析：

1. 百事可乐运用了哪种网络营销方式？
2. 百事可乐的这次品牌推广活动运用的网络营销方法是什么？

3. 如果百事可乐用报纸来做这个活动，能在短短的时间内产生这样强大的品牌效果吗？这次活动体现了网络营销的哪些优势？

第二步：认识网络营销的职能，明晰网络营销的作用。

知识链接

职能是指人、事物、机构所应有的作用。网络营销可以在八个方面发挥作用：网络品牌、网站推广、信息发布、销售促进、网上销售、客户关系、客户服务和网上调研。这八个作用就是网络营销的八大职能，网络营销方法和手段的实施也以发挥这些职能为目的。

网络营销的职能不仅表明了网络营销的作用和网络营销工作的主要内容，同时也说明了网络营销可以实现的效果，对网络营销职能的认识有助于全面理解网络营销的价值和网络营销的内容体系。

网络营销的职能之间并非相互独立的，而是相互联系、相互促进的，网络营销的最终效果是各项职能共同作用的结果。网站推广、信息发布、客户关系、客户服务和网上调研属于网络营销的投入和建设，是基础职能；网络品牌、销售促进和网上销售则表现为网络营销的效果。网络营销职能关系如图1-12所示。

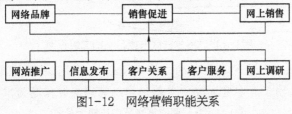

图1-12　网络营销职能关系

（1）登录到企业网站进行浏览，体验企业网站的功能。

谢经理给大家介绍了海尔官网（http://www.haier.com/cn/），带着同学们登录到海尔官网首页（温馨提示：由于海尔官网经常更新，请以官网实时信息为准），如图1-13所示，让大家对首页内容进行浏览。然后选择导航栏上的"用户服务"下拉菜单中的"会员尊享"，单击"海尔社区"链接，进入相应的二级页面。

图1-13　海尔官网首页

（2）进入"海尔社区"栏目的二级页面，发现页面内容十分丰富，包括论坛、海星汇、活动、免费试用、服务台、海贝商城等，如图1-14所示。浏览者只要注册成为客户会员，就可在网站上发帖、参加各种活动，企业可与客户进行互动交流，了解客户的需求，增进与客户的关系，提高服务质量。

图1-14 "海尔社区"栏目下的二级页面

试一试

1. 请分别进入海尔官网各栏目的二级页面进行浏览，全面了解网站功能，完成表1-3（温馨提示：由于海尔官网经常更新，请以官网实时信息为准）。

表1-3 海尔集团官网基本功能一览表

网站名称	网站标志	网站首页导航栏目名称	二级页面的主要内容	栏目功能简要说明
海尔官网	Haier	用户服务→会员尊享→海尔社区	论坛、海星汇、活动、免费试用、服务台、海贝商城	注册成为客户会员，就可在网站上发帖、参加各种活动，企业可与客户进行互动交流，了解客户的需求，增进与客户的关系，提高服务质量，增加客户黏性，提高转化率

2. 请在体验企业网站功能后，结合对网络营销职能的认识，完成下面的连线（见图1-15），建立海尔网站功能与网络营销职能的对应关系。

海尔网站的功能	网络营销的职能
论坛	网络品牌
海贝活动	
产品专区	网站推广
服务状态查询	
在线报修	信息发布
嗨购分场	
帮助中心	销售促进
联系我们	
品牌专区	网上销售
海尔商城	
海尔会员日	客户关系
海贝积分	
预约安装	客户服务
品牌推荐	
优惠券	网上调研
微信公众号	

图1-15 海尔网站功能与网络营销职能对应连线

想一想

请思考如果海尔集团没有建立自己的网站,它该如何开展网络营销活动呢?无站点网络营销有哪些利弊呢?

议一议

请分别登录到联想和小米网站,并进入网站体验其基本功能,议一议这些网站是否实现了网络营销的基本职能,还有哪些不足之处,并填写表1-4。

表1-4 企业网站网络营销职能诊断表

企业网站名称	网络营销职能(实现打"√",未实现打"×")								不足之处
	网络品牌	网站推广	信息发布	销售促进	网上销售	客户关系	客户服务	网上调研	
联想									
小米									

任务评价

初识网络营销的任务评价见表1-5。

表1-5 初识网络营销的任务评价

序号	评价项目	自我评价			
		能准确阐述(优)	能阐述(良)	能大概阐述(合格)	不能阐述(不合格)
1	网络营销的概念				
2	网络营销的特点				
3	网络营销的基本方法				
4	网络营销的职能				
教师评价:					

任务二 认知网络营销岗位

任务介绍

作为电子商务专业的学生,毕业后能否找到合适的网络营销岗位,是大家共同关心的话题。在本次任务中,我们将通过各种渠道,了解电子商务师国家职业标准,认知网络营销人员需具备的职业素养和专业技能,知道网络营销岗位职责,为即将开始的网络营销工作奠定基础。

活动一 了解网络营销岗位职业素养

活动描述

在上次的任务中,李成响团队知道了网络营销的重要性,也对网络营销职业产生了浓厚的兴趣,但是他们对与电子商务相关的国家职业标准不了解,不知道自己是否具备任职资格。于是谢经理将对他们进行岗前培训。

活动实施

第一步：通过网络搜索，了解职业资格信息。

小李团队通过网络查证，发现国家职业资格电子商务师职业共设四个等级，电子商务员（国家职业资格四级）、助理电子商务师（国家职业资格三级）、电子商务师（国家职业资格二级）和高级电子商务师（国家职业资格一级）。

每个等级都有相应的职业资格证书，如图1-16所示。

一级职业资格证书　　二级职业资格证书　　三级职业资格证书　　四级职业资格证书
　（高级技师）　　　　　（技师）　　　　　　（技工）　　　　　　（技工）

图1-16　电子商务职业资格证书样本

想一想：请结合网络搜索，思考一下中职学生可以申报电子商务师哪个等级？该等级具备怎样的申报条件呢？

知识链接

1. 电子商务师

电子商务师是指利用计算机、网络和通信等现代信息技术从事商务活动的人员。应具有较强的学习、表达、信息处理和沟通协调能力，具有一定的计算、解决问题和创新能力。要求的基本文化程度是高中毕业（或同等学力）。

2. 国家职业标准

国家职业标准属于工作标准。国家职业标准是在职业分类的基础上，根据职业（工种）的活动内容，对从业人员工作能力水平的规范性要求。它是从业人员从事职业活动，接受职业教育培训和职业技能鉴定及用人单位录用、使用人员的基本依据。国家职业标准由劳动和社会保障部组织制定并统一颁布。

3. 电子商务师国家职业标准

根据《中华人民共和国劳动法》的有关规定，为了进一步完善国家职业标准体系，为职业教育和职业培训提供科学、规范的依据，劳动和社会保障部组织有关专家，制定了《电子商务师国家职业标准》，该标准经劳动和社会保障部（现为人力资源和社会保障部）批准，自2001年8月3日起施行。

4. 国家职业资格证书制度

国家职业资格证书制度是劳动就业制度的一项重要内容，也是一种特殊形式的国家考试制度，它是指按照国家制定的职业技能标准或任职条件，通过政府认定的鉴定机构，对劳动者的技能水平或职业资格进行客观公正、科学规范的评价和鉴定，对合格者授予相应的国家职业资格证书。

试一试

请通过网络搜索，将《电子商务师国家职业标准》中关于网络营销职业功能工作要求的内容填入表1-6中。

表1-6 网络营销职业功能工作要求

职业等级	职业功能：网络营销		
	工作内容	技能要求	相关知识
电子商务员（国家职业资格四级）			
助理电子商务师（国家职业资格三级）			
电子商务师（国家职业资格二级）			
高级电子商务师（国家职业资格一级）			

第二步：通过网络搜索，了解网络营销岗位设置。

（1）谢经理让同学们登录到智联招聘网首页（http://www.zhaopin.com），首页左侧是职业类别（温馨提示：由于招聘网站信息实时更新，请以网站实时信息为准），如图1-17所示。

图1-17 智联招聘网首页

（2）把鼠标放到职业类别中的"互联网IT"上，在右侧会显示所属的职业岗位列表，了解与网络营销相关的职业岗位类别，如图1-18所示。

（3）把鼠标放到职业类别中的"市场/销售"上，在右侧会显示所属的职业岗位列表，了解与市场/销售相关的职业岗位类别，如图1-19所示。

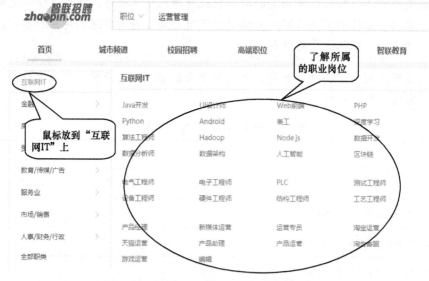

图1-18 了解"互联网IT"所属的职业岗位

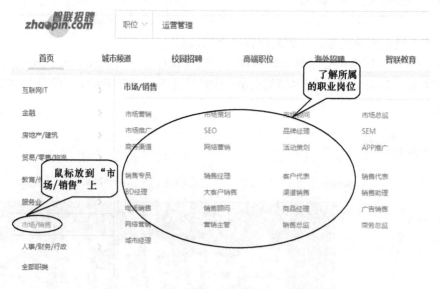

图1-19 了解"市场/销售"所属的职业岗位

> **试一试**
> 请同学们对图1-18和图1-19进行了解分析,将其中与网络营销相关的岗位挑选出来。
> 网络营销岗位_____

第三步:通过案例分析,了解网络营销岗位职业素养。

案例1-2

下面是一个真实的案例,请大家展开讨论并进行分析。

据长沙晚报4月4日报道,某企业经过反复测评招到一个人,技术笔试、上机操作都非常好,可是上班第一天就迟到了,而他的解释只是轻描淡写的一句:"昨晚看球赛,早上起来晚了。"

在一家IT企业负责招聘工作的王先生告诉记者，由于IT人才个性强，有的人技术扎实，可喜欢我行我素，缺乏团队合作意识，成为企业用人一大缺陷。而记者在对目前IT企业的调查中发现，从招聘到使用再到开发，企业对人才的甄选除了技能外，越来越多地表现在对其职业素养的注重上。

三联集团企业文化部经理告诉记者，职业素养就像水中漂浮的一座冰山，露出部分的知识、技能仅仅代表表层的特征，不能区分绩效优劣；而冰面以下部分的动机、特质、态度和责任心才是关键因素。强烈的责任意识、客户意识、忠诚度和信誉等是企业鉴别绩效优秀者和一般者的衡量尺度，同时也是决定一个人职业发展的重要因素。

1. 请议一议，该企业新员工对自己迟到的行为表现得无所谓，为什么？你认为这种态度正确吗？
2. 如果你是这位新员工，你会怎样处理？
3. 如果你是主管，你希望你的团队成员具备怎样的职业素养？

知识链接 》》

1. 职业素养的定义

职业素养是人类在社会活动中需要遵守的行为规范。个体行为的总和构成了自身的职业素养，职业素养是内涵，个体行为是外在表象。职业素养是个很大的概念，专业是第一位的，但是除了专业，敬业和道德是必备的，体现在职场上的就是职业素养，体现在生活中的就是个人素质或道德修养。

2. 职业素养的三大核心

（1）职业信念　职业信念是职业素养的核心。它包含了良好的职业道德、正面积极的职业心态和正确的职业价值观意识，是一个成功职业人必须具备的核心素养。良好的职业信念应该是由爱岗、敬业、忠诚、奉献、正面、乐观、用心、开放、合作及始终如一等这些关键词组成。

（2）职业知识与技能　职业知识与技能是做好一个职业应该具备的专业知识和能力。俗话说"三百六十行，行行出状元"，没有过硬的专业知识，没有精湛的职业技能，就无法把一件事情做好，就更不可能成为"状元"了。

各个职业有各个职业的知识和技能，每个行业还有每个行业的知识和技能。总之，学习并提升职业知识和技能是为了让我们把事情做得更好。

（3）职业行为习惯　职业行为习惯就是在职场上通过长时间的学习-改变-形成，最后变成习惯。心态可以调整，技能可以提升。要让正确的心态、良好的技能发挥作用，就需要不断地练习、练习、再练习，直到成为习惯。

议一议

以下是某家电子商务公司的招聘启事，请议一议该公司的任职要求中是否包含了职业素养的三大核心，并请写出其具体内容。

××电子商务公司招聘启事

任职要求：
1. 有良好的文字写作功底，较强的信息采编能力，独到的文案创作能力。
2. 工作态度积极，有责任心，热爱编辑、文案工作，有自我挑战精神。
3. 能编写出突出产品特点的文案，进行品牌情感营销。

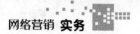

职业信念_____

职业知识与技能_____

职业行为习惯_____

试一试　请同学们进一步通过网络搜索和深入了解，归纳出初级网络营销岗位的任职要求，填写表1-7。

表1-7　初级网络营销岗位的任职要求

初级网络营销岗位	任职要求
网络推广专员/助理	
新媒体运营专员/助理	
网络运营专员/助理	

活动二　了解网络营销岗位职责

活动描述

完成活动后，谢经理告诉大家，证书对求职没有坏处，但是行业更看重的是实际工作能力。所以大家还要知道网络营销岗位设置，知道具体的网络营销岗位职责。于是大家决定继续上网探究。

活动实施

（1）在图1-18中，单击"新媒体运营"岗位。

（2）在弹出的页面中，选择某企业，单击"新媒体运营"链接（温馨提示：由于招聘网站信息实时更新，请以网站实时信息为准），如图1-20所示。

图1-20　单击"新媒体运营"链接

（3）在弹出的公司招聘信息页面中，浏览查看该公司"新媒体运营"的岗位职责，如图1-21所示。

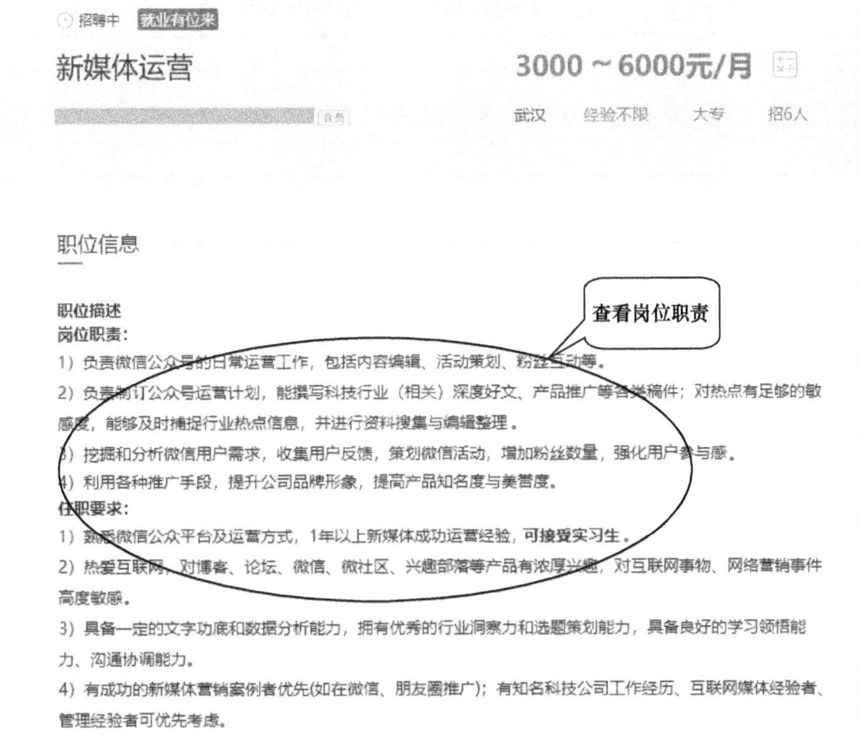

图1-21 浏览并查看岗位职责

知识链接 》》

1. 网络营销岗位简介

随着互联网的普及和推广应用，近年来网络营销应用已逐渐深入到各行各业，企业纷纷设立电子商务或网络营销部门开展业务。一般来说，企业将网络营销人员的岗位分为网络营销专员、网络营销主管、网络营销经理及网络营销总监四个层级。

2. 岗位职责的定义

岗位职责是指根据法人或其他组织的规定，所在岗位所应承担的工作任务和责任范围。

3. 岗位职责制定的原则

（1）必须结合工作性质和特点制定。
（2）必须按不同专业、不同档次和不同的工作岗位制定。
（3）必须全面、准确、明了。

4. 新媒体

新媒体（New Media）是报刊、广播、电视等传统媒体以后发展起来的新的媒体形态，包括网络媒体、手机媒体和数字电视等。严格地说，新媒体应该称为数字化新媒体。

试一试

请登录前程无忧网（http://www.51job.com）进行深入了解，收集网络营销初级岗位的岗位职责，进行整理归纳，填入表1-8。

表1-8　网络营销初级岗位的岗位职责

岗位名称	岗位职责
网络推广专员	
新媒体运营专员	
网络运营专员	

议一议

请议一议，以大家目前所学的专业知识和技能，是否能胜任网络营销初级岗位，以及如何进一步提升自己。

知识链接

网络营销人员的岗位设置层级一般分为四级，由低到高依次为网络营销专员、网络营销主管、网络营销经理和网络营销总监。公司规模不同，岗位设置也有所不同：千人以上的公司，这四个层级基本都存在。500人以上的公司，主要为网络营销专员、网络营销主管或网络营销经理、网络营销总监三个层级。其他公司主要为网络营销专员和网络营销经理两个层级。部分网络营销业务较少的公司，只设置网络营销专员一职。

随着网络营销岗位层级的晋升，一方面对网络营销专业知识和能力要求有所提升，另一方面工作内容也从简单的网络营销推广到网络营销策划，最终到网络营销的整体项目动作。

任务评价

认知网络营销岗位的任务评价见表1-9。

表1-9　认知网络营销岗位的任务评价

序号	评价项目	自我评价			
		能准确阐述（优）	能阐述（良）	能大概阐述（合格）	不能阐述（不合格）
1	电子商务师职业等级				
2	网络营销初级岗位设置				
3	网络营销人员具备的职业素养				
4	网络营销初级岗位的岗位职责				

教师评价：

项目总结

本项目的主要内容包括初识网络营销和认知网络营销岗位两个学习任务。

初识网络营销主要通过网络营销概念和职能的介绍，让同学们对网络营销形成基本认知，知道网络营销的目的和作用，知道常用的网络营销基本方法。

认知网络营销岗位主要帮助同学们了解网络营销岗位设置和岗位职责，知道网络营销从业人员的职业素质和职业晋升途径。

本项目是本教材的引导项目，旨在帮助同学们理解网络营销的重要性，理解本课程的重要性。

一、不定项选择题

1. 以下对网络营销概念的理解正确的有（　　　　）。
   A. 网络营销是企业整体营销战略的一个重要组成部分
   B. 网络营销是建立在互联网基础之上的
   C. 网络营销是利用电子信息手段进行的营销活动
   D. 网络营销就是电子商务
2. 常见的网络营销形式有（　　　　）。
   A. 报刊营销　　　　B. E-mail营销　　　　C. 微信营销　　　　D. 电视营销
3. 下面不属于网络营销职能的是（　　　　）。
   A. 网站推广　　　　B. 网络品牌　　　　C. 资源合作　　　　D. 销售促进
4. 下面不属于网络营销基础职能的是（　　　　）。
   A. 网上调研　　　　B. 网络品牌　　　　C. 客户关系　　　　D. 客户服务
5. 下面不属于无站点网络营销方法的是（　　　　）。
   A. 微信营销　　　　　　　　　　　　　B. 微博营销
   C. 论坛营销　　　　　　　　　　　　　D. 搜索引擎营销
6. 以下属于网络营销特点的有（　　　　）。
   A. 多媒体性　　　　B. 经济性　　　　C. 高效性　　　　D. 交互性
7. 按照企业是否拥有自己的网站来划分，网络营销的基本方式分为（　　　　）。
   A. 无站点网络营销　　　　　　　　　　B. 整合营销
   C. 基于企业站点的网络营销　　　　　　D. 个性化营销
8. 以下属于网络营销人员应具备的职业素养的是（　　　　）。
   A. 遵纪守法　　　　B. 爱岗敬业　　　　C. 责任意识　　　　D. 诚实守信

二、判断题

1. 计算机网络技术的发展是网络营销产生的技术基础。（　　）
2. 网络营销是随着互联网的产生与发展而逐渐形成的新的营销方式。（　　）
3. 企业在开展电子商务前不能够开展网络营销活动。（　　）
4. 无站点网络营销属于初级的网络营销。（　　）
5. 坚忍不拔不是网络营销人员应具备的职业素养。（　　）

三、简答题

1. 简述网络营销的职能。
2. 常见的网络营销形式有哪些？
3. 请说出网络营销与电子商务的异同。

项目二　网络营销平台认知

项目简介　本项目中,我们将对网络营销平台的两种类型:企业网站和网店进行深入了解,从比较知名的企业网站和网店着手,了解企业网站和网店的概念、特点、建站目的、基本功能和需求,通过在线体验和相关渠道搜索信息,探索网络营销平台是如何为企业服务的。

项目目标
- 了解企业网站的概念和特点。
- 能知晓企业建站的目的和网站功能。
- 了解网店的概念和建店目的。
- 能知道网店的优势。
- 能分析企业网站和网店需求。

任务一　认知企业网站

任务介绍

网站建设是网络营销策略的重要组成部分,有效地开展网络营销离不开企业网站功能的支持,网站建设的专业水平同时也直接影响着网络营销的效果。在本次任务中,我们来浏览几个知名的企业网站,通过体验不同企业的网站,了解企业网站的概念及本质特点,理解企业建站的目的,掌握企业网站的基本功能和企业网站需求。

活动一　企业网站解析

活动描述

李成响团队对网络营销有了一定的认知,为了更好地开展后续工作,谢经理让他们通过网络搜索和自己的经验,找到几家知名企业的网站,登录并进行深入探究,在这个过程中了解企业网站及本质特点，体验企业网站的功能，从而体会企业建站的目的和企业网站的需求。

微课3
企业网站营销

知识链接

1. 企业网站的概念

企业网站是企业在互联网上进行网络营销和形象宣传的平台，相当于企业的网络名片，不但对企业的形象是一个良好的宣传，同时可以辅助企业的销售，通过网络直接帮助企业实现产品的销售。企业可以利用网站来进行宣传、产品资讯发布和招聘等。

2. 企业网站的建设目的

（1）有利于提升企业形象　企业网站的作用类似于企业在报纸和电视上所做的宣传企业本身及品牌的广告。不同之处在于企业网站容量更大，企业几乎可以把任何想让客户及公众知道的内容放入网站。

（2）使企业具有网络沟通能力　互联网络真正的内涵在于其内容的丰富性。对于一个企业来说，其具有网络沟通能力的标志是拥有自己的独立网站。

（3）可以全面详细地介绍企业及企业产品　企业网站的一个最基本的功能，就是能够全面、详细地介绍企业及企业产品。事实上，企业可以把任何想让人们知道的东西放入网站，如企业简介、企业的厂房、生产设施、研究机构、产品的外观、功能及其使用方法等，都可以展示于网上。

3. 企业网站的常见类型

企业网站的类型主要有：企业门户网站（企业官网）、品牌宣传型网站和企业销售型网站。

第一步：认识企业门户网站，知晓该类型网站需求及功能。

谢经理让同学们通过百度搜索，找到"格力网站"和"小米网站"，对两个网站进行仔细浏览和探究，比较它们的异同，如图2-1和图2-2所示。

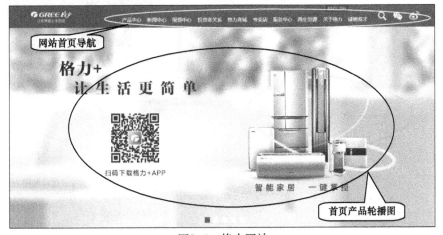

图2-1　格力网站

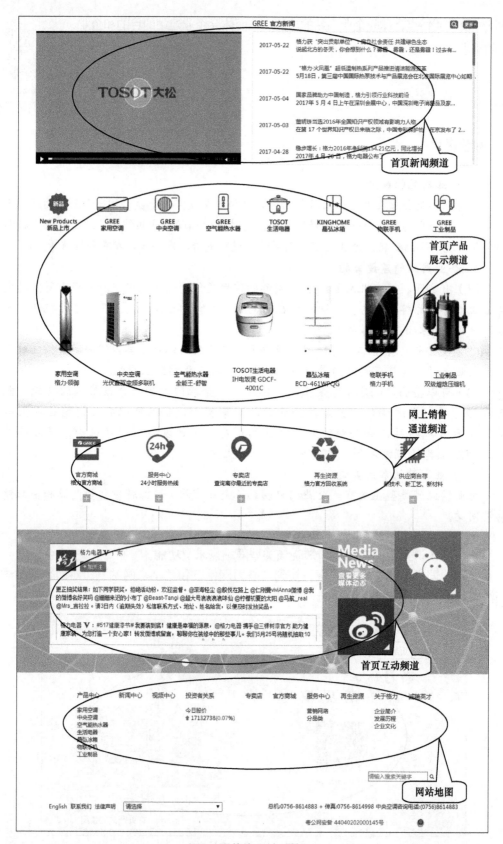

图2-1 格力网站（续）

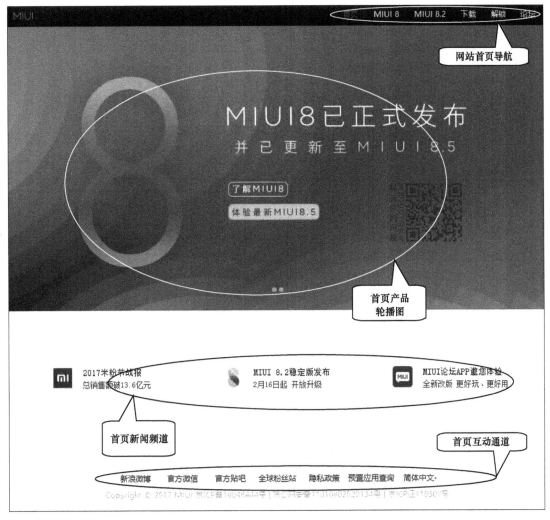

图2-2 小米网站

知识链接

　　企业门户网站就是指在互联网的环境下,把各种应用系统、数据资源和互联网资源统一集成到企业信息门户之下,根据每个用户的使用特点和角色的不同,形成个性化的应用界面,并通过对事件和消息的处理传输把用户有机地联系在一起。它不仅仅局限于建立一个企业网站,提供一些关于企业、产品、服务的信息,更重要的是要求企业能实现多业务系统的集成、能对客户的各种要求做出快速响应,并且能对整个供应链进行统一管理。

　　企业门户网站是相对于商业信息门户网站(如新浪、搜狐)和公共信息发布门户网站而产生的,是专业应用于企业的互联网应用概念。企业门户网站是因电子商务的发展而兴起的,越来越多的企业正在考虑或建设不同企业门户网站来进一步提升企业的核心竞争力。

想一想 请想一想"格力网站"和"小米网站"属于企业门户网站吗?请说出理由。

议一议 请议一议企业建设门户网站的目的和需求,再上网搜索2~3个属于该类型的企业网站,并写出来。

试一试 请在深入探究"格力网站"和"小米网站"之后,比较它们的异同,然后填写表2-1。

表2-1 "格力网站"和"小米网站"对比分析

对比项目 \ 网站名称	格力网站	小米网站
网站类型	□ 信息发布型网站 □ 产品销售型网站 □ 综合电子商务网站	□ 信息发布型网站 □ 产品销售型网站 □ 综合电子商务网站
网站主要功能	□ 品牌形象 □ 服务展示 □ 信息发布 □ 顾客关系 □ 产品展示 □ 顾客服务 □ 网上销售	□ 品牌形象 □ 服务展示 □ 信息发布 □ 顾客关系 □ 产品展示 □ 顾客服务 □ 网上销售
网站内容	□ 公司概况 □ 产品目录 □ 荣誉证书 □ 公司动态 □ 产品搜索 □ 产品价格 □ 网上订购 □ 销售网络 □ 售后服务 □ 联系信息 □ 辅助信息 其他内容	□ 公司概况 □ 产品目录 □ 荣誉证书 □ 公司动态 □ 产品搜索 □ 产品价格 □ 网上订购 □ 销售网络 □ 售后服务 □ 联系信息 □ 辅助信息 其他内容
网站评价		

第二步:认识企业销售型网站,知晓该类型网站需求及功能。

谢经理让李成响团队通过百度搜索,找到"格力商城网站",并对该网站进行仔细浏览和探究,比较它与"格力网站"的异同,如图2-3所示。

图2-3 格力商城网站

知识链接

企业销售型网站，常见的就是以物品销售为主的网上购物型网站建设。这类网站就是实现网上买卖商品，购买的对象可以是企业（B2B），也可以是消费者（B2C）。利用该网站可以开辟新的营销渠道，扩大市场，同时还可以接触最直接的消费者，获得第一手的产品市场反馈，有利于市场决策。为了确保采购成功，该类网站需要有产品管理、订购管理、订单管理、产品推荐、支付管理、收费管理、送发货管理和会员管理等基本系统功能。复杂的物品销售、网上购物型网站还需要建立积分管理系统、VIP管理系统、客户服务交流管理系统、商品销售分析系统及与内部进销存（MIS，ERP）打交道的数据导入导出系统等。

想一想

请想一想"格力商城网站"属于哪种类型的网站？它与"格力网站"在功能上有什么不同之处呢？建设该网站的主要目的是什么呢？

知识加油站

海尔是全球大型家电第一品牌，目前已从传统制造家电产品的企业转型为面向全社会孵化创客的平台。在互联网时代，海尔致力于成为互联网企业，颠覆传统企业自成体系的封闭系统，变成网络互联中的节点，互联互通各种资源，打造共创共赢新平台，实现攸关各方的共赢增值。

海尔电子商务公司是海尔集团的一家子公司，成立于2000年3月。目前海尔主要的网络营销平台有两大类：一类是官方自建平台，包括海尔官方网站、海尔商城、海尔官方移动端网站、海尔商城移动端网站和海尔App；另一类是海尔第三方销售平台，包括海尔天猫旗舰店、京东旗舰店、苏宁旗舰店和1号店旗舰店等，具体如图2-4～图2-6所示。海尔集团之所以要开发多个网络平台，是因为单个网站已经无法满足不同类型的目标客户，为了细化网站的功能，更好且更精确地服务目标客户，同时进一步强化品牌认知度，扩大企业的知名度，通过这些网站实现用户之间、用户和网站之间大规模交互，最终爆发巨大能量，使销售额节节高升。

图2-4 海尔官方网站

图2-5 海尔商城

图2-6 海尔天猫旗舰店

想一想

请通过案例并结合网络搜索想一想,为什么海尔要建设不同类型的网站?这样做的目的是什么呢?

议一议

请议一议,"格力网站"与"格力商城网站"之间有什么关联。

试一试

请深入探究"格力商城网站",将其首页的主要栏目与"格力网站"首页的主要栏目进行分析比较后,说说这些栏目的功能,并填写表2-2。

表2-2 "格力网站"与"格力商城网站"的比较

格力网站		格力商城网站	
栏 目	功 能	栏 目	功 能
例:新闻中心	更新企业新闻,展现企业魅力	例:购物车	方便消费者购买商品
PPT广告		PPT广告	
产品中心		新品专区	
视频中心		精品专区	
投资者关系		会员专享	
专卖店		艺术定制	
服务中心		地区导航	
再生资源		猜你喜欢	
关于格力		在线客服	
今日股价			

活动二　企业网站需求分析

活动描述

李成响团队通过活动一的学习，知道了企业不同类型网站在网络营销中的作用，正巧公司接到了一个为××文具有限公司建设企业网站的项目，谢经理告诉他们，建设网站前要对网站需求进行分析，明确建站目的才能吸引目标用户。于是李成响团队在谢经理指导下开始进行企业网站需求分析的探究。

活动实施

第一步：了解企业背景，明确建站目的。

谢经理带着李成响团队来到该文具公司，与公司相关人员进行对接，对公司的基本情况做详细了解。

知识加油站

××文具有限公司的情况介绍如下：

××文具有限公司是一家专注于文具事业的综合文具企业。自1998年创立以来，凭借对文具市场的开拓和创新，拥有了能够在大规模生产下保持优异品质的能力，并已在我国建立起较大的营销网络。随着近几年网络经济的兴起，××文具有限公司积极开拓电子商务业务，在阿里巴巴上成功注册成为诚信通用户，通过电子商务平台成功地接到来自欧洲、北美等厂商的订单。但是目前国内文具市场竞争激烈，公司决定拓展海外市场，为了进一步发展，使公司在生产和销售中处于有利的竞争地位，公司需要树立良好的国际与国内形象，打造公司网络品牌，让公司品牌深入人心，同时节约运作成本、提高工作效率，让更多的人能够了解××文具，因此建设自己的网站已经迫在眉睫。

想一想　请根据该公司的基本情况想一想其目前需要建设哪种类型的网站，并请说出理由。

第二步：了解目标用户的行为与需求，明确网站的主要内容和功能。

案例2-1

得力集团始创于1988年，历经30年的探索与拼搏，目前已成长为国内最大的综合文具供应商。产品线覆盖商用机器、IT耗材、办公电子、书写工具、胶粘制品、文管产品、装订设备、办公用品、学生文具和纸制品十大类，为大众提供办公学习工具。

企业定位： 创国际一流办公文具企业，让世界上每个办公室都用"得力"。

产品体系： 得力办公文具、得力学生文具、得力商用机器、得力书写工具、得力办公电子、得力IT耗材、得力纸制品。

企业效益： 2017年由全国工商联发布的"2017中国民营企业500强"榜单揭晓。得力荣登榜单第316位，排名较之2016年上升110位。近年来，得力研发创新力显著加强、品牌美誉度日益提升、质量效益稳步提高、社会贡献继续加大、产业结构持续优化、走出去步伐明显加快，不断彰显行业领导者的实力和风范。

根据其行业特点及企业特色进行网站搭建，满足企业对网站平台的要求，以企业关键词优化为建站目的，为得力创造更高的排名和更大的营销价值。

得力官方网站（http://www.nbdeli.com/）具有很高的兼容性、易用性和安全性，色调鲜明，充满活力，文字力求简洁、凸显内容。在内容上采用扁平化的设计思路，大幅简化网站访问层级，图文并茂地呈现了得力的实力和产品，着重突出了买家较为关注的方面，如图2-7所示。

网站首页栏目清晰、信息分明、操作简便，切实为用户着想，突出了得力的品牌、提高了企业的知名度，有效地传递了企业的产品、服务及完整的价值理念。

图2-7　得力官方网站

想一想

1. 得力官方网站导航栏的设置满足用户的什么需求呢?
2. 网站轮播图片中的海报,向用户传递了企业的什么信息呢?
3. 请在官网中找一找得力集团有哪些主要产品?在官网上是否得到了充分展现?
4. 得力集团官方网站的主要内容和功能是否迎合了用户的需求?

议一议

请议一议××文具公司网站的目标用户有哪些呢?他们的行为与需求又是怎样的呢?

试一试

请在参考活动一中解析的企业网站和得力集团官方网站介绍的基础上,为××文具公司确定网站的主要内容和功能,并填入表2-3中。

表2-3 网站内容和功能需求表

网站访问者	重要程度	用户希望看到的内容	栏目名称
目标客户	最重要		
潜在客户			
社会公众			
经销商			
公司员工及应聘者			

任务评价

认知企业网站的任务评价见表2-4。

表2-4 认知企业网站的任务评价

序号	评价项目	自我评价			
		能准确阐述(优)	能阐述(良)	能大概阐述(合格)	不能阐述(不合格)
1	了解企业网站的概念、类型及作用				
2	知道企业建站目的				
3	知道企业网站的基本功能				
4	能简单分析企业网站的需求				

教师评价:

任务二 认知网店

任务介绍

网店作为网络营销平台之一,在企业拓展产品销路、配合网络营销策略方面起到重要的作用。在本次任务中,我们将通过浏览体验网店,了解网店的概念和优势,理解网店装修的重要性,分析网店的需求,为网上开店及运营打下基础。

活动一　网店解析

活动描述

李成响团队对企业网站有了一定的了解，但是对网店知之不深。谢经理带着他们对天猫知名童装店铺"巴拉巴拉官方旗舰店"进行解析，了解网店的概念和优势，知道网店装修的重要性。

活动实施

第一步：通过案例解析，明晰网店的定义及优势，并理解开店目的。

知识链接

1. 网店的定义

网店顾名思义就是网上开的店铺，是电子商务的一种形式，是一种能够让人们在浏览商品的同时进行购买，并且通过各种在线支付手段进行支付以完成交易的网站。目前网店大多数都是在淘宝、天猫、易趣和京东商城等第三方大型电子商务平台上开设来完成交易的，如同在大型商场中租用场地开设商家的专卖店一样。

2. 第三方电子商务平台的定义

第三方电子商务平台也可以称为第三方电子商务企业，泛指独立于产品或服务的提供者和需求者，通过网络服务平台，按照特定的交易与服务规范，为买卖双方提供服务。服务内容可以包括但不限于供求信息发布与搜索、交易的确立、支付、物流。

3. 网店的优势

（1）开店便捷成本低　网上有许多第三方电商交易平台（如淘宝），注册手续简便快捷，并且功能齐全、服务完善，卖家只需要支付极低的租金或不用付费就可以拥有一家网上商店，省下了昂贵的店铺门面租金，也无须支付水费和电费等费用。

（2）无须占用资金　网店不需要占用大量资金，完全可以在有了订单的情况下再去进货，因此网店能做到进退自如，没有包袱。因为存货少，网上商店随时都可以更换品种，或者改行做其他生意。

（3）不受营业时间限制　网店经营时间不受限制，可以24小时在线营业，消费者可以在任何时间登录并购物。交易时间上的全天性和全年性，使得交易成功的机会大大提高。

（4）销售规模不受地域限制　实体店铺的面积决定了所能摆放的商品数量，因此店铺的规模常常为店铺面积所限，而在网上开店，不受店铺规模限制，因此生意可以做得很大。

（5）不受地域限制　网店经营不受地理位置限制，可面向全国乃至全世界消费者，这令消费群体突破了地域限制，不管客户离店多远，在网上可以很方便地找到。

案例2-2

在天猫中搜索店铺"巴拉巴拉官方旗舰店"（https://balabala.tmall.com/），打开网店首页并进行浏览，如图2-8所示。

图2-8 巴拉巴拉官方旗舰店

浙江森马服饰股份有限公司是一家以虚拟经营为特色、以系列成人休闲服和儿童服饰为主导产品的品牌服饰企业，是我国服装行业优势企业之一。

浙江森马电子商务有限公司为森马服饰股份有限公司全资子公司。森马电商采取多品牌、多渠道、多模式经营战略。

多品牌：经过几年的飞速发展，森马电商目前在线上已拥有森马（SEMIR）、巴拉巴拉（Balabala）、哥来买（GLEMALL）、马卡乐（MarColor）、梦多多（mongdodo）等品牌，形成以森马为核心的成人装体系和以巴拉巴拉为核心的童装体系布局。

多渠道：各品牌已全部覆盖淘宝、唯品会、京东、当当、1号店和银泰等国内知名线上平台，并打造哥来买品牌专属平台。2015年公司入股韩国电商ISE，整合国际优质供应链在中国构建移动互联平台。

公司旗下目前拥有"森马"和"巴拉巴拉"两大服饰品牌，其中"巴拉巴拉（Balabala）"品牌创立于2002年，定位为专业、时尚童装，主要面向0～14岁中产阶级及小康家庭的童装消费群体。巴拉巴拉终端网点数量已发展到3308家，遍布全国31个省、市、区。巴拉巴拉不仅线下有众多的专卖店，线上也建立有自己的品牌网站（见图2-9），在天猫和京东等平台上也开设了官方旗舰店（见图2-10）。在巴拉巴拉以其线上线下结合的方式，成为国内网点分布最广、数量最多、销售额最高、增长速度最快的童装品牌。

2016年11月11日，森马服饰电商子公司"双11"全网销售额突破6.5亿元，订单总量超过300万单。其中，巴拉巴拉稳居母婴童装类品牌第一。

图2-9 巴拉巴拉品牌官网

图2-10 巴拉巴拉京东旗舰店

想一想

请想一想,巴拉巴拉品牌有很多线下实体店铺,为什么还要在第三方电子商务平台上开设网店呢?

> **议一议**
>
> 请议一议巴拉巴拉的品牌官网与网店之间的关联。

第二步：了解网站装修的含义，理解网店装修的重要性。

> **知识链接》》**
>
> 1. 网店装修的含义
>
> 网店装修就是在淘宝、京东等网店平台允许的结构范围内，尽量通过图片、程序模板等装饰让店铺更加丰富美观的过程。
>
> 2. 网店装修的内容
>
> 网店装修内容很丰富，主要包括网店风格、网店结构及栏目、店铺首页、详情页、店招、页头（banner，店铺首页最顶端部分，一般进入店铺首页就可看到）及各种图片和文字等。
>
> 3. 网店装修的必要性
>
> 如果店铺没有装修，空空荡荡，让人没有一点购物的感觉，这很难激起消费者购物的欲望，因此，店铺装修就是为了让顾客在购物中感受到一种温暖的气息，从而增加销售额。网店的第一印象对于人的认知会产生相当的影响。对于网店来说，装修更是店铺兴旺的制胜法宝，其可以让店铺变得更有附加值，更具信任感。一个好的淘宝店铺装修能增加用户的信任感，而网店装修是提高产品附加值和店铺浏览量的重要手段。

> **案例2-3》》**
>
> 蕊绮宝贝店铺和巴拉巴拉店铺都是淘宝平台上销售童装的店铺，对两家店铺所有宝贝按销量从高到低排序，蕊绮宝贝店铺的销量远低于巴拉巴拉店铺，如图2-11和图2-12所示。
>
>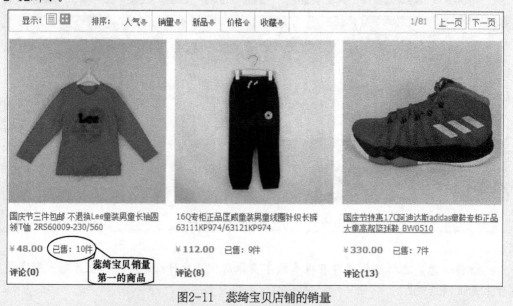
>
> 图2-11　蕊绮宝贝店铺的销量

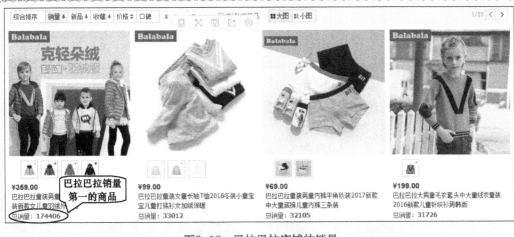

图2-12 巴拉巴拉店铺的销量

对这两个店铺的主要栏目进行比较,见表2-5。

表2-5 店铺主要栏目对比

比较项目		店铺截图	对比分析
店铺招牌	蕊绮宝贝		1. 招牌色彩过暗,不活泼 2. 标志设计无创意,不美观 3. 导航设置不符合搜索习惯
	巴拉巴拉		1. 招牌白底黄字,醒目活泼,符合产品特点 2. 标志设计简单易记,突出品牌 3. 添加优惠券能促进销售 4. 导航设计符合搜索习惯
店铺促销区域	蕊绮宝贝		1. 海报设计不符合儿童特点,没有吸引力 2. 商品摆放不合理 3. 促销信息不足,缺乏营销效果
	巴拉巴拉		1. 海报图片背景色彩明亮,与产品风格相符,视觉效果好 2. 儿童模特出镜,能更生动地展现商品亮点,吸引买家眼球 3. 有优惠信息,能调动购买需求

（续）

比较项目		店铺截图	对比分析
商品展示区域	蕊绮宝贝		拍摄背景简陋，无后期处理，色彩暗沉，无法唤起购买欲望
	巴拉巴拉		1. 图片色彩明亮，产品与背景协调，视觉效果好 2. 儿童模特出镜，能更生动地展现商品，抓住买家眼球 3. 促销信息醒目，卖点突出，能唤起购买欲望

> **议一议**
> 请议一议，哪家店铺的装修设计风格更符合产品的特点和买家的喜好呢？请说出理由。

活动二　网店需求分析

活动描述

解析完活动一中的网店后，大家对网店有了一定的认识。知道开网店的目的，理解网店装修能直接影响转化率和成交。怎样才能使网店装修符合要求呢？谢经理让大家结合任务一思考，李成响团队马上领悟到，网店的设计装修也需要进行需求分析。谢经理表扬了大家，然后带着团队一起进行探究。

活动实施

通过对网店商品及消费群体分析，确定网店装修风格。

知识加油站

茶上往来店铺需求分析如下：

1. 用户对产品生长环境的需求分析

爱茶的人对茶树的生长环境要求较高，希望是绿色无污染的地方，最好是生长在云雾缭绕的高山上。针对用户对产品生长环境的需求，茶上往来店铺（https://cswl.tmall.com/）以绿色作为主色调，店招和首焦图的背景直接采用了蓝天白云、高山茶园来烘托产品天然无污染的特点。

2. 用户对产品品质的需求分析

喜欢喝茶的人大多是有一定经济实力、对生活品质追求较高的人，他们除了看重茶树的生长环境外，还对茶叶的品质要求较高，追求茶的色、香、味，希望购买当季新茶。针对用户的需求，茶上往来店铺在促销海报中用"正宗""滋味醇厚，浓香可口"等文字和包装精美的产品图片来烘托产品的高品质，突出了产品的卖点，如图2-13所示。

图2-13　茶上往来店铺首焦图

3. 用户对产品情感的需求分析

茶叶不仅是中国的传统饮品，也得到外国友人的喜爱，古往今来人们往往把茶叶作为送礼的首选，现在更赋予茶叶保健、休闲、社交和传递情感等多种功能。茶上往来店铺不仅提供了不同规格的礼盒装，更在装修设计中采用了水墨画、秦砖汉瓦等中国元素，突出了产品的历史感和文化氛围，使产品显得更有档次，满足了用户的情感需求，如图2-14所示。

图2-14　茶上往来店铺海报图

议一议

请议一议天猫巴拉巴拉官方旗舰店的装修风格与产品和用户需求是否相符,并完成下面的连线。

装修风格	产品和用户需求
视频广告,动感十足	知名品牌
中外小模特	儿童服装
时尚元素:棒球帽、单车等	产品国际化
全国专卖店展示	追求品牌
以标志色为主色调,突出品牌的视觉体系	注重品质
标志无处不在	追求时尚感
活泼可爱小模特	穿着舒适、自在
生产线展示	
设计简洁、明快、随性	

议一议

请对巴拉巴拉官方旗舰店的商品详情页进行浏览分析,完成表2-6的填写(根据店铺实时装修情况填写)。

表2-6 商品详情页面装修需求分析表

装修内容	详情页需求分析	与需求相符度
商品主图	图片统一规划,简洁不凌乱	
详情页图片类型	图片丰富,包括整体展示图、细节特写图、模特展示图、场景实用图、颜色展示图、资质图、实力图等	
细节图	清晰,细节或卖点突出、直观	
产品规格信息	产品信息、尺寸信息	
商品分类导航	依据商品的属性及消费群体的习惯进行分类,增加了促销分类	
店铺促销海报	放置位置恰当,海报促销信息清楚、醒目,突出商品卖点,视觉效果好	
服务项目	有购物流程、洗涤方法、温馨提示、常见问题等	
不足之处		

任务评价

认知网店的任务评价见表2-7。

表2-7 认知网店的任务评价

序号	评价项目	自我评价			
		能准确阐述(优)	能阐述(良)	能大概阐述(合格)	不能阐述(不合格)
1	网店的概念和优势				
2	网店装修的内容				
3	网店装修的重要性				
4	网店需求分析的方法				
5	网店需求分析与网店装修的关系				
教师评价:					

项目总结

本项目的主要内容包括认知企业网站和认知网店两个学习任务。

认知企业网站主要通过对企业网站的解析和企业网站需求分析,让同学们了解企业网站的概念和特点、建站目的、基本功能和需求,探索企业网站是如何为企业网络营销服务的。

认知网店主要通过对网店的解析和对网店的需求分析,让同学们了解网店的概念和优势,了解网店装修的重要性,能分析网店需求,知晓网店是企业的重要销售渠道,并探索了网站与网店的关联。

项目练习

一、不定项选择题

1. 企业网站是企业在互联网上进行网络营销和形象宣传的平台,相当于企业的(　　)。
   A. 网络名片　　　B. 招牌　　　C. 代言人　　　D. 办公室
2. 企业网站的建设目的有(　　)。
   A. 有利于提升企业形象
   B. 使企业具有网络沟通能力
   C. 可以全面详细地介绍企业及企业产品
   D. 提升产品销量
3. 企业网站的常见类型有(　　)。
   A. 企业门户网站(企业官网)
   B. 品牌宣传型网站
   C. 企业销售型网站
   D. 娱乐休闲型网站
4. 网店的优势有(　　)。
   A. 开店便捷,成本低
   B. 无须占用资金
   C. 不受营业时间限制
   D. 不受地域限制

二、简答题

1. 品牌型网站与销售型网站有什么不同的作用?
2. 请说出网店装修的重要性。
3. 网店装修的主要内容有哪些?
4. 要想了解企业网站的建站需求首先要了解什么呢?
5. 根据万达集团的网站,说说企业网站中的哪些栏目能满足浏览者了解企业基本信息呢?

项目三 网络营销文案编辑

项目简介

本项目中,我们将从同学们身边所熟知的网络营销文案着手,了解网络营销文案的概念及类型,知道网络营销文案的作用及网络营销文案的写作技巧。同时学会两种重要的网络营销文案(促销活动方案和网络营销软文)的写作方法。

项目目标

- 了解网络营销文案的概念及类型。
- 知道网络营销文案的作用。
- 了解网络营销文案的写作要素。
- 了解促销活动方案的写作方法和技巧。
- 了解网络营销软文的写作方法和技巧。

任务一 认知网络营销文案

任务介绍

构思一篇精彩的营销文案是许多营销人梦寐以求的事,但很多人都认为好的营销文案"可遇不可求",将创意神秘化。实际上写好一篇营销文案并非想象得那么高深莫测,仍然有很多诀窍可循。在本次任务中,我们将走进网络营销文案,通过发现和接触网络营销文案,学习网络营销文案的基础知识,明确网络营销文案的概念和类型,知道网络营销文案的作用。

活动一 网络营销文案解析

活动描述

李成响团队在企业实习期间,运营部正在运作的几个项目有许多的网络营销文案要撰写,谢经理要求李成响团队参与进来。知道大家是第一次接触网络营销文案,谢经理没有急于让大家动手,而是让李成响团队上网搜索并了解网络营销文案的相关知识。

活动实施

李成响召集团队成员一起讨论,大家决定通过百度搜索引擎,欣赏优秀的网络营销文案,了解网络营销文案的概念和类型,知晓网络营销文案的作用。

第一步:解析论坛营销文案。

案例3-1

论坛营销文案如图3-1所示。

丝瓜露:让你肌如凝脂的秘密

据有关红楼梦外传的记载,林黛玉在中秋月圆之夜,精选扬州二十四桥边枝叶旺盛的丝瓜藤,在丝瓜茎高出地面半人高处将其拦腰切断,取其源源不断滴出的晶莹汁液,然后带到大观园的地窖里封存起来;妙玉在冬至这一天,从艳红的梅花花朵上采撷梅花雪,与初春清明节那一天采摘的桃花叶一起放在成窑的瓦罐里,用黑炭煮,慢慢蒸馏出精制净水,也在地窖里封存起来;到了来年的七月初七牛郎织女相会日,林黛玉和妙玉一个取出丝瓜汁,一个取出梅花雪水,在成窑的瓦罐里搅拌调匀,然后又加进柠檬、精酒、金缕梅、迷迭香等,最终配制而成丝瓜露。

丝瓜露制作如此复杂,其功效到底如何?林黛玉曾如此答复:"我和妙玉姐姐所制丝瓜露,承佛祖古老配方之遗风,具药物清热解毒、润肺利肠之功效,头痛、腹痛、神经痛者用之病症立除,更具有妙不可言的美容效果。"关于此,相关红楼梦外传有诗为证:江南有草本非栽,隐隐水边飘香来;二十四桥丝瓜露,成就金陵十二钗。

但有奇效在,怎能不流传!《红楼梦》中古典美女们使用丝瓜露美容护肤,个个貌若天仙,皮肤水嫩紧致,从此丝瓜露名声在外,流传至今。

微课4
网络营销文案

图3-1 论坛营销文案

知识链接

1. 网络营销文案的定义

网络营销文案是指出现在互联网上,以营销为目的,与消费者沟通交流的文字。网络营销文案由创意、标题、文字和图片组成,具备销售力、传播力和公信力。

2. 网络营销文案类型

网络营销文案属于传播文案,可以细分为硬广告文案、活动文案、新闻和软文等。软文可以形成多种形式,如与新闻结合就成了新闻软文,发往新闻门户网站或行业门户网站;与论坛社区结合就成了帖子。

3. 软文的定义

软文是指通过特定的概念诉求,以摆事实讲道理的方式使消费者走进企业设定的"思维圈",以强有力的针对性心理攻击,迅速实现产品销售的文字(图片)形式。

> **想一想** 请想一想,案例3-1的文案属于哪种类型?文案出现了什么产品?这个产品是如何引出的呢?

第二步：解析促销活动海报文案。

案例3-2

促销活动海报文案如图3-2所示。

图3-2　促销活动海报文案

知识链接

网络营销文案的作用如下：
（1）以宣传产品和促进产品销售为目的，营销性强。
（2）优秀的营销文案都起着塑造企业形象和品牌形象的作用。
（3）网络营销文案通常与营销活动相结合让用户有很强的参与感，号召力强。

想一想

1. 请想一想，案例3-2的文案属于网络营销文案中的哪种类型？文案中的活动主题是什么？海报上有哪些促销活动信息？它们有什么作用呢？
2. 以上两个案例的文案有什么共同点呢？

议一议

请议一议下面两个案例（见图3-3和图3-4）分别属于哪种类型的网络营销文案，体现了网络营销文案的哪些作用。

图3-3　微博营销文案（1）

图3-4　微信营销文案（2）

活动二 了解网络营销文案的写作要素

活动描述

李成响团队通过案例解析,了解了网络营销文案的定义及作用,知道了网络营销文案的类型,但是对如何写出好的网络营销文案仍然一知半解。谢经理让他们进一步探究网络营销文案的写作要素和写作方法。

活动实施

知识链接 》》

网络营销文案的写作要素主要包括标题、副标题、正文和标语。

(1)标题 标题是营销文案的主题,往往也是文案内容的诉求重点。它的作用在于吸引人们对文案的注目,留下印象,引起人们对文案的兴趣。只有受众对标题产生兴趣,才会阅读正文。

(2)副标题 副标题是文案标题的补充部分,起到点睛的作用。营销文案不一定都有副标题,视情况而定。

(3)正文 营销文案的正文是以客观的事实对产品、服务及营销信息进行具体的说明,从而增加消费者的了解与认识。

(4)标语 标语一般是文字简练、意义鲜明的宣传鼓动口号。营销文案中不一定都有标语,视情况而定。

想一想 图3-5是天猫"双11"促销活动海报,请将网络营销文案写作要素填入相应的方框中。

图3-5 "双11"活动海报

知识加油站 》》

网络营销文案的写作技巧如下:

1. 新颖有创意

互联网时代消费者喜欢从网上获得新鲜有趣的信息,网络营销文案应生动活泼,多加入一些有创意的元素及吸引消费者眼球的字眼。

2．强调优势及事实

网络营销文案的目的是吸引消费者购买商品，那就告诉他们产品的优势是什么，这些优势如何让你的产品与众不同。文案一定要真实可信，不要误导消费者。

3．简短精悍

网页浏览者是随着文案的增加而逐页关闭的，将有用的讯息和重要的资讯简洁地表现在你的文案中。同时，诉求点应集中，不然就没有重点。

4．在文案中融入情感

好文案一定是融入了真实的情感，能感动自己的文案，如此也一定可以打动他人。情感让文案和产品拥有了生命力，激起消费者共鸣，从而建立产品或品牌的忠诚度。

议一议

请议一议图3-6所示的网络营销文案中应用了哪些写作技巧。

鲜花订购在网上风生水起

http://tech.QQ.com　　　　腾讯科技　　　我要评论（0）

10月28日是小林女友的生日，今年小林没有再像往年一样，走十几里路到邮局寄一份礼物给远方的女友。而是直接在家里，敲击键盘，在网上选购了一款既便宜又非常漂亮的鲜花。没过3小时，女友的电话就来了，说没想到这么远还能收到鲜花，很漂亮、很新鲜，更喜欢那张充满浓情蜜意的贺卡，觉得今年的生日过得特别开心。

据了解，像小林一样在网上订购鲜花已经成为时下很多年轻人士喜爱的送花方式。随着近年来鲜花店纷纷移师网上，各类订花网站如雨后春笋般出现，网上订花人数呈现出逐年递增的趋势。为什么网上订花受热宠，与当地鲜花店相比，网上有何优势，带着这些疑问，记者采访了知名订花网——爱尚鲜花网（http://www.iishang.com/）的相关负责人，据该负责人分析，网上订花受欢迎的最主要的三大优势为：便利、价格、保障！

图3-6　鲜花订购营销文案

任务评价

认知网络营销文案的任务评价见表3-1。

表3-1　认知网络营销文案的任务评价

序号	评价项目	自我评价			
		能准确阐述（优）	能阐述（良）	能大概阐述（合格）	不能阐述（不合格）
1	网络营销文案的概念				
2	网络营销文案的作用				
3	网络营销文案的类型				
4	网络营销文案的写作要素				
教师评价：					

任务二 撰写网络营销文案

任务介绍

了解了网络营销文案的类型和写作要素后，我们来撰写网络营销文案。在本次任务中，我们以促销活动方案和网络营销软文为例，了解它们的写作方法，掌握它们的基本结构和写作技巧，写出符合要求的网络营销文案。

活动一 撰写促销活动方案

活动描述

实习企业有一个推广项目，为某健身器材网店在国庆节期间策划一次促销活动，运营部配合此次活动要撰写促销活动方案。李成响团队觉得这是一个很好的锻炼机会，于是主动向谢经理请缨，承担促销活动方案的撰写任务。

活动实施

> **知识链接 》》**
>
> **1. 促销方案的定义**
>
> 促销方案是企业在进行产品或服务的销售之前，为使销售达到预期目标而进行的各种促销活动的整体性策划文案。
>
> **2. 促销方式**
>
> 促销方式是指企业利用各种有效的方法和手段，使消费者了解和注意企业的产品或服务，激发消费者的购买欲望，并促使其实现最终的购买行为。常用的促销方式包括降价、打折、返券、赠品、捆绑销售、积分积点、会员制和有奖销售（抽奖、多买多奖）等。

> **案例3-3 》》**
>
> ××淘宝店"圣诞节"线上促销活动方案如下：
>
> 12月25日圣诞节即将到来，大街小巷热闹非凡，显然圣诞节节日气氛的渲染已经开始，各商家都纷纷有所行动。为抢夺圣诞促销的市场，××淘宝店制订此促销活动方案。

一、活动目标：活动期间，营造浓烈的节日气氛，提高客户的点击率，销售额提升10%。

二、活动对象：淘宝网网友。

三、活动时间：12月11日—12月25日。

四、活动主题：激情12月，圣诞大礼包，好礼永不断。

五、活动内容

1. 惊喜永不断

活动期间，周一至周五每天不定期选择1个时段（在人潮高峰期），周六至周日（另含24、25日）每天不定期选择2个时段，举行为时20分钟的限时抢购活动，即在现价的基础上5折优惠。主打产品包括阿斯拜混酿干红葡萄酒、黑比诺白葡萄酒2008等。

2. 好礼永不断

促销活动期间购买本店商品的可赠送相应的小礼品。具体如下：

（1）在促销活动期间购买葡萄酒3瓶以上的，本店会送上价值50元的抵价券一张，可用于下次购物。

（2）在促销活动期间凡是购买本店果汁类产品的都会获得钥匙扣一个；购买5瓶以上的，本店会赠送精致杯子一个。

（3）亲友介绍好礼：凡推荐亲友光顾本店的，被介绍人报上介绍人姓名与淘宝账号名，经客服核实后，介绍人与被介绍人均可获得8折优惠和优惠券两张。

六、媒体宣传规划

站内推广：前期打造一款商品参加聚划算活动，吸引流量；活动3天前参加淘宝网首页的钻石站位，吸引关注；完善店铺，修改店铺首页及宝贝详情页、宝贝标题，营造促销氛围。

站外推广：向老客户发送促销消息，通知活动内容；通过站外宣传，如QQ、微博和论坛等平台发布活动消息，向外扩展店铺活动入口。

七、活动准备

（1）选款：选择有成交记录、价格稍高、收藏量大、性价比适中、库存充足的宝贝参加优惠活动。

（2）货源：选好促销商品，准备充足的货源，以免活动期间断货。

八、紧急情况预案

（1）实时更新库存，补充货源，以免断货情况发生。

（2）加强各部门之间的协调性，保证信息及时有效沟通。

（3）根据促销实况调整促销页面内容。

通过对案例进行分析，我们知晓促销活动方案的基本结构一般如下：

1. 活动目的

活动目的应基于对网店自身及竞争对手和市场环境的调查基础上得出，只有明确目标，才能使活动有的放矢。

2. 活动时间和参与对象

活动时间不要太长，应给客户紧迫感。参与对象选择的正确与否会直接影响到促销的最终效果。

3. 活动主题

活动主题一般可以结合某个节日或促销节点，目的是给消费者一个购买的理由。

4. 活动方式

无论采取哪些促销方式，活动都应有吸引力、新颖，给客户一定的刺激，同时也要考虑到成本。

5. 媒体宣传

媒体宣传是指选择在哪些媒体上做推广。这里一定要多种媒体配合起来，同时要考虑费用。

6. 预算

对促销活动的费用投入和产出应做出预算，没有利益就没有存在的意义。

7. 前期准备

前期准备一般包括人员安排和物资准备等。

8. 紧急情况预案

对活动中可能出现的意外情况做必要的人力、物力和财力方面的准备。

想一想 请想一想，案例3-3中的××网店圣诞节促销活动采用了哪些促销方式？

议一议 请结合网络搜索议一议网上还有哪些促销方式，请写出2~3种。

试一试 请帮助李成响团队撰写健身器材国庆节促销活动方案，将具体内容填入表3-2中。

表3-2　健身器材国庆节促销活动方案

方案结构	具体内容
活动目的	
活动时间	
活动主题	
活动方式	
媒体宣传	
预算	
前期准备	

活动二　撰写网络营销软文

活动描述

李成响团队知道了促销活动方案的基本结构和写作方法后，完成了促销方案的撰写。

谢经理对他们积极主动的态度给予了充分的肯定，同时告诉他们，为了配合网络媒体宣传推广，要撰写网络营销软文。李成响和队员们决定先通过网络学习营销软文的相关知识，掌握网络营销软文的写作方法和技巧。

活动实施

第一步：了解网络营销软文的定义，知晓网络营销软文的写作步骤。

知识链接

1. 网络营销软文

网络营销软文是企业为提升形象、品牌知名度或促进产品销售，通过策划在网络媒体发布的，对消费者进行针对性心理引导的文章。它主要是通过文章的情感和产品关键词来打动客户，具有一定的营销隐蔽性，属于情感营销，让消费者对产品产生认同感，在不知不觉中愿意接受文章信息，从而达到软文营销的效果。

2. 硬广告

硬广告是广告界中的行话，也称硬广，是指直接介绍商品、服务内容的传统形式的广告，在报纸、杂志、电视和广播等传统媒体上看到和听到的那些宣传产品的纯广告就是硬广告。

议一议

请根据对网络营销软文定义的理解，议一议它与硬广告的区别，然后从下面的选项中选出能说明网络营销软文优势的选项，将数字填写在横线上。

网络营销软文的优势：_____。

选项：①生硬；②成本低或免费；③成本高；④表达形式多样；⑤表达形式单一；⑥易传播；⑦让读者不厌烦；⑧营销隐蔽；⑨情感共鸣。

知识链接

网络营销软文的写作步骤如下：

（1）熟知产品或服务　在写营销软文前，一定要熟知自己所推广的产品或服务，对于产品的认知度决定营销的成功与否及营销的效果。

（2）做好市场调查　市场调查包括用户需求调查和竞争对手分析，针对不同的目标人群，营销软文的内容是完全不同的。找准目标切入点，软文的目标才会明确，才会做到针对性营销和精准营销。

（3）确定写作类型　根据营销软文投放平台的用户喜好来确定写作类型。

（4）构思创意，话题策划　一个精妙的软文创意会对企业的营销产生巨大的影响。

知识加油站

网络营销软文的类型如下：

1. 新闻式

新闻式软文是指以第三方的角度，像新闻一样报道某件事情，如图3-7所示。这种写作形式客观，让人产生信任感。

天上真的掉馅饼！开发商补贴菜农降菜价

2015年07月03日　来源：楼盘网　　楼盘导购　　　　　　　　　　　　　　　　责任编辑：njadmin

老百姓生活最需要什么？相信菜场、超市、商业街会成为很多人的答案。南京东楼盘碧桂园凤凰城社区菜市场——凤凰集市已经开业近1个月了，而更大规模的农贸市场也有望今年开业。为了让业主买到新鲜便宜的蔬菜，开发商将补贴菜农降低菜价，生活成本和南京相比下降三成。有业主感叹：小区里什么都有，就像一座城市一样便利。

社区菜场已开业未来或让菜价降三成

目前碧桂园凤凰城社区菜市场——凤凰集市已经开业一个月了，业主可以在家门口购买到新鲜蔬菜，业主食堂也即将开业。

家住常府街的王阿姨告诉记者，她每天都会坐班车来看看在凤凰城的家。"现在到凤凰城很方便，每天有免费班车，小区里面也有巴士。现在菜场也开了，菜也很新鲜，我都是早上过来，买完菜在小区转转再回家。现在，这里就像一座城市一样，在凤凰城生活很方便，来了就不想走了。"王阿姨说。

图3-7　新闻式软文

2. 热点式

热点式软文是指借助最近的热点事件，达到引起关注的效果，也可借助名人效应去做文章，如图3-8所示。平时应多收集归纳，将产品与事件关联起来，这类软文要特别注意时效性。

新国氏教您巧妙应对春节饭局

中国人的传统节日春节又到了，家人团圆，亲朋相聚格外兴奋的同时，吃吃喝喝也比平时"升级"得多。升级表现不仅仅是饭菜的品种和质量，最主要的是频率升级。特别是工作和生活在异地的朋友回老家过年，午饭、晚饭亲朋好友轮番聚。

连续几顿大餐之后，相信很多人都会为吃什么发愁，甚至为如何应对饭局而颇费心思。其实，只要准备好两样东西，可以让你高枕无忧。

首先是酸奶或牛奶。中国的酒文化源远流长，有"无酒不成席"的说法。面对亲朋好友的频频举杯相邀，岂能失陪？饮酒前，喝一杯酸奶或热牛奶，酸奶或牛奶中的脂肪能够在胃中形成一层黏膜，在一定程度上阻止酒精渗透胃壁，从而延缓酒精进入血液的时间。这样，一来是保护胃，二来是不容易醉酒。

其次是新国氏全营养素系列产品。春节期间，暴饮暴食有些时候是身不由己。但是对于爱美的女性或肥胖的男士可得必须注意了。春节期间，饭菜比平时好，营养本身就容易过剩，而且因为客观原因节食对于很多人来讲都做不到。一方面是盛情难却，另一方面是担心肥胖。如果身边带着新国氏系列产品中的任何一种，都可以让你无后顾之忧。

图3-8　热点式软文

这篇软文发布在春节临近时间，借春节聚餐这一热点巧妙自然地引出养胃护胃产品。

3. 活动式

活动式软文与促销活动结合起来，与主题密切关联，引起读者的兴趣和关注，如图3-9所示。

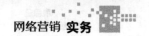

图3-9 活动式软文

4. 故事式

编一段感人的或搞笑的或夸张的故事,将促销或产品带入故事,进而自然引出产品,如图3-10所示。这类软文应注意与产品要巧妙结合。

图3-10 故事式软文

这篇故事式软文,用北方婆婆和南方媳妇口味的差距引入故事,到了故事的最后,演变为一则酵母的广告,非常令读者意外。这类故事式软文多用于论坛等地方,容易引起二次或多次转载,形成广泛传播。但是要特别注意故事与产品要有联系,切勿胡编滥造。

5. 娱乐式

将产品融入一些娱乐的内容里,用小笑话带出产品,这会让读者更愿意接受,如图3-11所示。

> **瑞星的小狮子**
>
> 大勇出差在外,突然回家,在门口听到有男人打呼噜的声音。大勇默默地走开,发了个短信给老婆:"离婚吧!"然后扔掉手机卡,远走他乡。三年后他们在一个城市再次相遇,妻子问:"为何不辞而别?"大勇说了当时的情况,妻子转身离去……   展开

图3-11 娱乐式软文

议一议 请通过上网搜索,议一议网络营销软文的写作类型还有哪些,然后彼此进行分享。

试一试 请针对哑铃这款健身产品,按照营销软文的写作步骤制订写作方案,填写表3-3,为营销软文的撰写做准备。

表3-3 哑铃产品营销软文写作方案

写作步骤	具体内容
哑铃的功能及作用	
用户需求分析	
目标人群定位	
软文投入平台	
软文写作类型	
软文创意	

第二步:掌握网络营销软文的写作方法和技巧。

知识链接 »

网络营销软文的写作技巧如下:

(1)拟定吸引人的标题 在软文营销中,用户首先看到的是文章标题,他们会根据软文的标题判断文章是否具有阅读的价值,一般都是觉得题目吸引人才点击进去看。

(2)正文真实有内容,借势传播 正文是对产品信息的完整包装和深度诉求,或者是对产品相关事件的引导,要以情感人,直击用户痛点,引起用户共鸣,巧妙地融入产品广告信息。

成功的软文都是图文并茂的文章,如果软文只有大段的文字,会让用户觉得很枯燥无味。文字图片尽可能相关,文字与图片不要完全不搭。

(3)适当布局关键词 适当布局关键词的技巧如下:

1)选用关键词。在选用关键词时,你可以在百度指数、淘宝或微博热搜榜寻找最近最热的关键词。从中挑选与产品相符的关键词,确定产品的关键词,并将产品关键词适当地插入软文中。关键词需要与营销主题契合,可以围绕某关键词或热点事件,将营销信息融入其中,创作相关的软文。

2)关键词布局。首先是标题。在大多数搜索引擎中,标题都拥有极高的权重,一般收录到的第一展示的就是标题,所以最佳关键词最好出现在标题中。

其次是文章首段。在百度搜索中,如果没有设置为文章描述,百度快照会截取文章的首段内容作为描述。在文章的首段,可以让关键词出现1~2次。

再次是中间部分。软文的中间部分有较大的自由发挥空间,但也不要过于集中地展示关键词。尽量让关键词的出现频率控制在每两百字出现1~2次。

最后是文章结尾。在判定文章是否原创时,很多算法都是在文章首尾抓取100字,如与已收录的文章过于雷同,则可能会被判定抄袭。在文章结尾处,让关键词保持出现1~2次。

案例3-4

【湖北】武汉白领人士为什么选择了爱玛莎按摩椅垫

昨天湖北的池先生开车来到上品一家公司采购了爱玛莎按摩椅垫，他在武汉黄浦大道上的写字楼上班，是行政机关白领人士，同时帮他的同事一起共计采购了37台按摩椅垫IM-LL06，如图3-12所示。

图3-12 购买爱玛莎按摩椅垫

池先生告诉上品一家公司营销人员，他是在武汉岱家山科技城十年成果展上看到，并体验了爱玛莎按摩椅垫后决定购买的，还邀上几十位同事一起团购。作为白领人士的他快50岁了，工作性质决定了上班面对计算机、开车上下班，长期保持一种姿势，颈椎病已经好多年了，最近检查发现有腰椎间盘突出。池先生还说，很多年轻同事也有颈椎病了。他尤其看中此款按摩椅垫IM-LL06还可在汽车上使用，于是他自己买了2台爱玛莎按摩椅垫，一台放办公室，另一台放自己的爱车上，如图3-13所示。

图3-13 两用的爱玛莎按摩椅垫

爱玛莎按摩椅垫独创3D指压式按摩头，模拟人工推拿按摩，指压按摩头在背部上下运行，推拿按捏背部，缓解背部酸痛；独创颈部按摩枕，可90度调节，适应不同身高人士的颈部按摩需求，可以有效预防颈椎病；坐垫震动功能分强、中、弱三段，缓解脊椎、腰间盘等部位压力；爱玛莎按摩椅垫具有远红外加热功能，对背部进行热敷热疗；还可在汽车内使用，随机配有车用点烟器插接线（特别提醒：驾驶人严禁使用，以免分散注意力）；爱玛莎按摩椅垫的工作电压为12V，低工作电压排除了对人体造成伤害的隐患，同时增强了产品的使用寿命，持久为用户进行按摩理疗。爱玛莎3D按摩椅垫经武汉产品质量监督检验所检验全部合格，报告编号为（2014）WT-DQ-0434。

议一议

请在阅读完案例后，通过头脑风暴，对以下问题展开讨论：
（1）案例中营销软文的标题是否有吸引力。
（2）该营销软文中的关键词是_____。
（3）该营销软文采用了怎样的写作类型。
（4）该营销软文是否达到了软文营销效果。

试一试

请根据制订的写作方案，运用一定的网络营销软文写作技巧，为哑铃撰写一篇营销软文。

任务评价

撰写网络营销文案的任务评价见表3-4。

表3-4 撰写网络营销文案的任务评价

序号	评价项目	自我评价			
		能准确阐述（优）	能阐述（良）	能大概阐述（合格）	不能阐述（不合格）
1	促销活动方案的结构				
2	促销活动方案的写作方法				
3	网络营销软文的概念和优势				
4	网络营销软文的写作技巧				

教师评价：

项目总结

本项目的主要内容包括认知网络营销文案和撰写网络营销文案两个学习任务。

认知网络营销文案主要通过对网络营销文案的概念和作用的介绍，让同学们对网络营销文案形成基本认知，知道网络营销的类型和要素，知道常用的网络营销文案的写作技巧。

撰写网络文案主要通过介绍撰写网络促销活动方案和撰写网络营销软文这两类网络文案，让同学们学习两种最具代表性的网络营销文案的写法。

一、不定项选择题

1. 以下属于网络营销文案类型的是（　　　）。
   A. 网络软文　　　　　　　　　　B. 产品介绍
   C. 促销活动方案　　　　　　　　D. 活动海报文案
2. 网络营销文案必不可少的结构是（　　　）。
   A. 标题　　　　　　　　　　　　B. 副标题
   C. 正文　　　　　　　　　　　　D. 标语
3. 下列（　　　）是促销活动方案的要素。
   A. 促销时间　　　　　　　　　　B. 促销方法
   C. 预算　　　　　　　　　　　　D. 促销效果
4. 营销软文的写作步骤包括（　　　）。
   A. 确定写作类型　　　　　　　　B. 构思创意，话题策划
   C. 熟知产品或服务　　　　　　　D. 做好市场调查
5. 营销软文的写作技巧包括（　　　）。
   A. 适当布局关键词　　　　　　　B. 尽量多地宣传产品和价格
   C. 拟定吸引人的标题　　　　　　D. 内容充实，带入自然的情感

二、判断题

1. 网络营销软文的优势主要体现在广告于无形。（　　）
2. 判断软文推广效果是否好的关键可以看是否被点击和转载。（　　）
3. 热点式软文主要是采用促销活动的方式宣传软文。（　　）
4. 促销活动的推广时间尽量越长越好。（　　）
5. 网络文案起到宣传产品和促销的作用。（　　）

三、简答题

1. 网络营销文案的作用是什么？
2. 常见的活动促销形式有哪些？
3. 请至少说出网络营销软文的5种写法。

项目四 搜索引擎营销及优化

项目简介

本项目中,我们将从真实的推广业务入手,带领同学们一起认识搜索引擎营销。通过对案例的学习,了解搜索引擎营销的作用、特点和方法。同时能够针对搜索引擎营销进行网站内的基础优化。

项目目标

- 了解搜索引擎营销的概念及方法。
- 能掌握在搜索引擎中使用搜索词快速搜索信息的技巧。
- 能完成在搜索引擎营销中关键词的分析及关键词序列的设计。
- 能够进行网站SEO分析,能进行基础优化,完成优化实施。

任务一 认知搜索引擎营销

任务介绍

在本次任务中,我们将走进搜索引擎营销,通过与搜索引擎的接触,来完成对SEM与SEO基础知识的学习,明确搜索引擎营销的概念及特点,知道搜索引擎的使用方法,知晓搜索引擎营销的主要方法。

活动一 体验搜索引擎营销

活动描述

李成响团队实习的电子商务企业,接到客户的推广任务。该客户是武昌区一家针对少儿、成人钢琴及艺术高考的教育培训机构,该机构有自己的网站,但是由于市场竞争激烈,网站推广效果不佳,现委托该电商企业做搜索引擎推广。谢经理接到任务,决定带李成响团队一起来完成这个任务。

活动实施

第一步：了解并体验搜索引擎。

谢经理告诉李成响团队，在进行搜索引擎推广时，必须要先了解竞争对手的推广信息，所谓"知己知彼，百战不殆"，因此第一步需要用搜索引擎搜索该培训机构竞争对手的相关信息。

知识链接

搜索引擎（Search Engine）是指根据一定的策略、运用特定的计算机程序从互联网上搜集信息，在对信息进行组织和处理后，为用户提供检索服务，将用户检索的相关信息展示给用户的系统。搜索引擎包括全文索引、目录索引、元搜索引擎、垂直搜索引擎、集合式搜索引擎、门户搜索引擎与免费链接列表等。

搜索引擎的基本工作原理包括如下三个过程：首先在互联网中发现、搜集网页信息；同时对信息进行提取和组织建立索引库；再由检索器根据用户输入的查询关键字，在索引库中快速检出文档，进行文档与查询的相关度评价，对将要输出的结果进行排序，并将查询结果返回给用户。

知识加油站

目前国内常见的搜索引擎有：

1. 百度

百度是全球最大的中文搜索引擎，致力于让网民更便捷地获取信息，找到所求，如图4-1所示。百度超过千亿的中文网页数据库，可以使用户瞬间找到相关的搜索结果。

图4-1　百度搜索

2. 360搜索

360搜索属于元搜索引擎，是奇虎360公司开发的基于机器学习技术的第三代搜索引擎，具备"自学习、自进化"能力和发现用户最需要的搜索结果，如图4-2所示。

图4-2　360搜索

3. 搜狗搜索

搜狗搜索是我国最领先的中文搜索引擎，支持微信公众号、文章搜索，通过独有的SogouRank技术及人工智能算法为用户提供最快、最准、最全的搜索服务，如图4-3所示。

图4-3 搜狗搜索

想一想 请想一想你最常使用的搜索引擎是什么？你用它来做什么呢？

试一试 请以"武昌钢琴培训机构"为搜索词，分别用不同的搜索引擎进行搜索，并将搜索体验结果填入表4-1中。

表4-1 搜索引擎体验比较表

搜索引擎 比较内容	百度	360搜索	搜狗搜索
搜索结果数量			
相关信息匹配度			
网站功能			

第二步：设置有效搜索词，掌握搜索引擎的使用技巧。

（1）李成响团队在搜索竞争对手信息时发现了问题，有的人可以查找到竞争对手信息，而有的人就较难查到，为什么会这样呢？谢经理查看了他们搜索的词语，发现了问题：团队中每个成员搜索的词语都不一样，如图4-4～图4-7所示。

图4-4 搜索词语为"武昌钢琴培训"的搜索结果

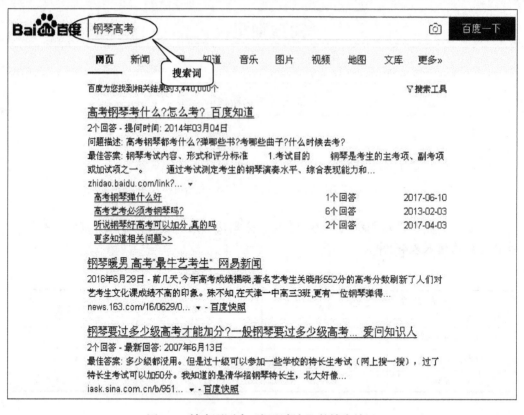

图4-5 搜索词语为"钢琴高考"的搜索结果

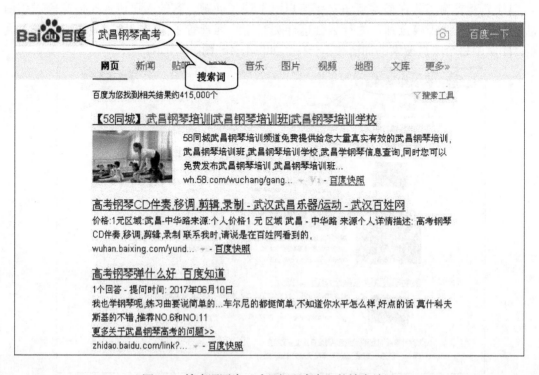

图4-6 搜索词语为"武昌钢琴高考"的搜索结果

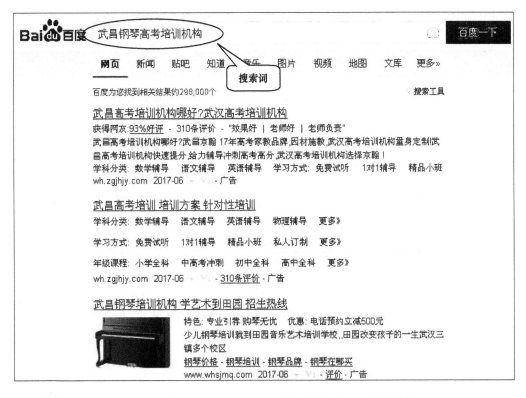

图4-7 搜索词语为"武昌钢琴高考培训机构"的搜索结果

（2）谢经理查看了几个成员搜索的不同词语，问李成响团队："哪些词语搜索的结果更贴近我们所需要的信息呢？"李成响团队明白了谢经理的意思：由于搜索词语不精准，所以产生出不同的结果。

> **议一议**
>
> 请议一议以上的搜索结果中，哪些搜索词符合李成响团队想要搜索的信息呢。

（3）谢经理告诉大家，搜索信息时，还需要掌握一定的搜索引擎使用技巧。

知识加油站》》

百度搜索引擎的使用技巧：

（1）使用搜索词的"或搜索"，其表达公式为："搜索词1"+"|"+"搜索词2"的格式。在本案例中，需要搜索包含"钢琴"或包含"培训"的内容，那就在搜索框中输入"钢琴|培训"，那么搜索出来的结果或者包含"钢琴"或者包含"培训"，如图4-8所示。

（2）使用搜索词的"和搜索"，其表达公式为："搜索词1"+"空格"+"搜索词2"。例如，要搜索既包含"钢琴"又包含"培训"的内容，那就在搜索框中输入"钢琴 培训"，那么搜索出来的结果既有"钢琴"又有"培训"，如图4-9所示。

图4-8 搜索词语为"钢琴|培训"的搜索结果

图4-9 搜索词语为"钢琴 培训"的搜索结果

（3）不含某个词搜索，其表达公式为："搜索词1"+"空格"+"－不想包含的搜索词2"。例如，要搜索包含"钢琴"而不包含"培训"的结果，那就在搜索框中输入"钢琴－培训"，如图4-10所示。

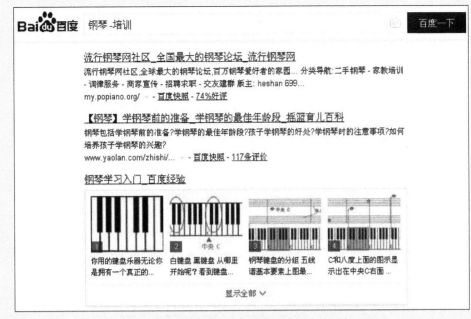

图4-10　搜索词语为"钢琴-培训"的搜索结果

（4）搜索词不拆分搜索，其表达方式为：在搜索词外加双引号。例如，要搜索包含"钢琴培训"这个完整搜索词的结果，那就在搜索框中输入"'钢琴 培训'"，如图4-11所示。

图4-11　搜索词语为"'钢琴 培训'"的搜索结果

（5）指定搜索某种格式的材料，其表达方式为："搜索词"+空格+"filetype:"（":"为英文半角）+文件格式pdf/doc/xls/ppt。例如，要搜包含钢琴的PPT文档，那就在百度搜索框中输入"钢琴 filetype:ppt"，如图4-12所示。

（6）在标题中搜索，表达方式为："intitle:"+"搜索词"。例如，要求搜索结果中所有的标题中都包含"钢琴"这个搜索词，那就在百度搜索框中输入"intitle:钢琴"。如果有两个及以上搜索词，那就是"allintitle:"+"搜索词1"+"空格"+"搜索词2"。

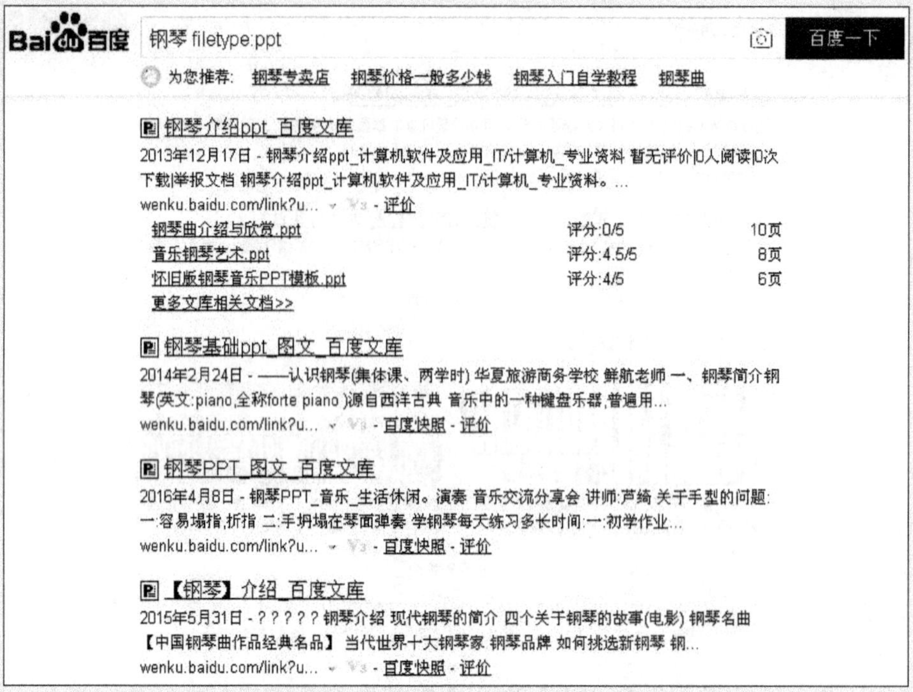

图4-12 搜索词语为"钢琴 filetype:ppt"的搜索结果

（7）在指定网站搜索，表达方式为："搜索词"+"空格"+"site:"（":"为英文半角）+"网址"。例如，要在百度经验网址里面搜索包含"钢琴"的结果，那就在百度搜索框中输入"钢琴 site:jingyan.baidu.com"。

试一试

李成响团队可以使用哪些搜索词来搜索竞争对手的信息呢？请将这些搜索词填入表4-2中。

表4-2 李成响团队可使用的搜索词

例：武汉钢琴高考培训		

第三步：认知搜索引擎营销，知晓搜索引擎营销的方法。

李成响团队通过学到的搜索方法，顺利找出该钢琴艺术培训机构竞争对手的信息。大家一致发现，在用百度搜索引擎搜索出的信息下面，有的显示广告，有的显示百度快照（见图4-13），这是怎么回事呢？

谢经理告诉李成响团队，百度上的信息很多且性质有所区别，有的是付费广告，在显示的信息后面会显示"广告"字样；有的是自然排名的信息，显示的是"百度快照"字样。有些商家考虑到，用户在搜索引擎上搜索信息会产生成交，因此在搜索引擎上付费去投放广告进行推广；还有一些商家不去投放广告，搜索引擎也会收录其信息，这属于免费信息，也会产生营销效果。这些都可以称为搜索引擎营销。

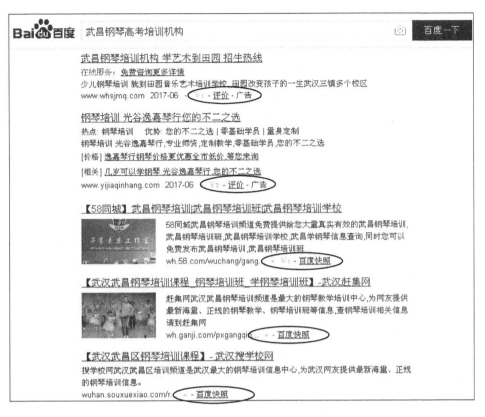

图4-13 搜索词语为"武昌钢琴高考培训机构"的搜索结果

知识链接

1. 搜索引擎营销

搜索引擎营销的英文为Search Engine Marketing，我们通常简称为SEM。就是根据用户使用搜索引擎的方式，利用用户检索信息的机会，尽可能将营销信息传递给目标用户。简单来说，搜索引擎营销就是基于搜索引擎平台的网络营销，利用人们对搜索引擎的依赖和使用习惯，在人们检索信息的时候将信息传递给目标用户。搜索引擎营销的基本思想是让用户发现信息，并通过点击进入网页，进一步了解所需要的信息。企业通过搜索引擎付费推广，让用户可以直接与公司客服进行交流、了解，实现交易。

微课5
搜索引擎营销

2. 搜索引擎营销的常见方法

（1）搜索引擎优化（SEO） 搜索引擎的用户往往只会留意搜索结果最前面的几个条目，所以不少网站都希望通过各种形式来影响搜索引擎的排序。"优化"的目的是让网站更容易被搜索引擎接受。此内容将在本项目的任务二中详细学习。

（2）免费登录分类目录 免费登录分类目录是最传统的网站推广手段，目前多数重要的搜索引擎都已开始收费，仍有少数搜索引擎可以免费登录。

（3）收费登录分类目录　收费登录分类目录类似于原有的免费登录目录，仅仅是当网站缴纳费用之后才可以获得被收录的资格。一些搜索引擎提供的固定排名服务，一般也是在收费登录的基础上开展的。

（4）关键词广告　关键词广告是收费搜索引擎营销的主要模式之一，也是目前搜索引擎营销方法中发展最快的模式。不同的搜索引擎有不同的关键词广告显示，有的将付费关键词的检索结果出现在搜索结果列表最前面，也有的出现在搜索结果页面的专用位置。

（5）关键词竞价排名　竞价排名也是搜索引擎关键词广告的一种形式，是按照付费最高者排名靠前的原则，对购买了同一关键词的网站进行排名的一种方式。竞价排名一般采取按点击收费的方式。

想一想

请想一想搜索引擎营销对企业来说是主动行为还是被动行为呢？

议一议

请议一议，58同城发布消息广告、百度文库上传产品资料、设定百度地图、加入百度网盟这些营销方法中，哪些是搜索引擎营销中的免费方法。

活动二　设置搜索引擎营销的关键词

活动描述

李成响团队在充分了解搜索引擎的搜索方法和搜索引擎营销的概念后，开始准备该钢琴艺术培训机构进行搜索引擎营销需要的材料。李成响团队知道在搜索引擎营销中，用户是通过精确搜索词搜索到精准信息的，因此，设计精准搜索词即关键词，是搜索引擎营销的关键。

活动实施

第一步：设计关键词。

谢经理告诉李成响团队，用户的搜索词是搜索引擎营销关注的重点，用户的搜索词就是商家投放广告的关键词。

知识链接

关键词就是用户在使用搜索引擎时输入的、能够最大限度地概括用户所要查找的信息内容的字或词,是信息的概括化和集中化,也是搜索引擎用来选择所要显示的查询结果的一些词,搜索引擎用它来匹配文章,哪个文章的匹配度比较高,哪个文章就是所要查询的较优结果。

关键词在网站中一般应用在网站导航、栏目名称和文章标题等重要位置。网站的导航位置一般都位于页面的最上方,而且在整个网站的所有页面都会出现,所以需要有意地在导航的文字中布局关键词。一个页面的内容通常会被划分为不同的栏目,栏目的名称也代表了网站所表达的内容。文章标题在主页和频道页上是网站内容的索引,在内容页上又是网页内容的概括,所以关键词与搜索引擎判断相关。

想一想

请想一想,该钢琴艺术培训机构可以设置哪些合适的关键词呢?请将这些关键词填在表4-3中。

表4-3 钢琴艺术培训机构可用的关键词

例:武汉钢琴高考培训	例:武汉艺术培训	

第二步:确定网站的核心关键词。

案例4-1

武汉境知企业网络服务有限公司做百度竞价一直状况不佳,于是请来了百度百捷湖北公司的王经理。王经理提出需要看一看推广的计划内容。企业的营销部门李经理拿出了一个先前的推广内容,主要是推广的关键词组,其中包括核心关键词:境知网络服务有限公司、网页设计、网站推广、微信代运营和微信吸粉等多个关键词。

百度的王经理说:"我知道你们的问题出在哪里了,是因为核心关键词太多了,太多的关键词反而不精准,我建议你们将业务精准一些,突出做关键词'企业网络服务'这一块。"

营销部门的李经理接受了改进意见,将核心关键词缩小为:企业网络服务、企业建站服务和企业微信服务。

通过精准地设置核心关键词,该公司的业务量有了明显上升。

想一想

请想一想,案例中的李经理是按照什么方法重新确定了公司的核心关键词?

> **议一议**
> 结合案例请议一议，该钢琴艺术培训机构应该设置哪些核心关键词，请说出理由。

谢经理告诉李成响团队，对于一个进行搜索引擎营销推广的企业来说，可以投放的关键词有很多，但必须要找到一个或几个特别的核心关键词，围绕着这个关键词再来进行广告的投放与网站的优化会更有针对性，也显得更加专业。

知识链接

1. 关键词的分类

关键词可以从不同的角度来区分：

（1）从概念上分，包括核心关键词、长尾关键词和相关关键词。

（2）从页面布局上分，包括首页关键词、栏目页关键词和内容页关键词。

（3）从目的性上分，有直接性关键词和营销性关键词。

一个关键词可以同时拥有多重身份，只有理解关键词的概念，才能更好地深入网站，进行优化。

2. 核心关键词

核心关键词即目标关键词，也可称为主关键词。它是整个网站中最具代表性的核心词语。一般来讲，采用首页进行推广。核心关键词所在的网站中，整个内容都是围绕其铺开的，它代表了整个网站的主题与思想。一个网站可拥有一个或多个目标关键词。

核心关键词的特点是：搜索量最大，最能代表用户需求，代表企业产品或业务相关的词。

3. 网站确定核心关键词的方法

（1）分析自身产品、业务服务相关的词　通过内部头脑风暴，讨论并定位自己公司的产品与业务是什么，这些产品或业务是为哪些人服务的。然后分析哪些词与这些有关系，用户的搜索习惯是什么，最后定出基本的关键词。

（2）分析自身产品的竞争对手　做网站SEO一定要学会分析竞争对手，通过分析竞争对手的网站，找出对手网站布置的关键词，可以选择排名靠前的词作为自己网站的关键词。

（3）使用百度搜索框或百度相关搜索　通过百度自身来选择一些热门关键词。

通过上面分析的三个步骤，即相关性、竞争性和搜索量，可定出最好的且最代表用户需求的关键词。

第三步：扩展关键词序列。

李成响团队确定了核心关键词，谢经理要求大家围绕着核心关键词，扩展出需要推广的长尾关键词，组合成一个关键词序列。团队成员们表示很疑惑：已经有了核心关键词，为什么还需要更多的关键词序列呢？谢经理告诉大家，因为用户的搜索习惯不一样，所以同样的关键词会有不同的表达。例如，用户都想搜索关于"武昌的钢琴培训机构的信息"，但是搜索词表达的方式不一样，有的搜索"武昌钢琴培训机构"，有的搜索"武昌钢琴培训班"，所以我们需要考虑到更多用户的搜索词，把搜索结果信息相同的词进行归类，以此来构成一个关键词序列表。

知识链接

1. 长尾关键词

长尾关键词（Long Tail Keyword）是指网站上的非目标关键词，但也可以带来搜索流量的关键词。长尾关键词的特征是比较长，往往是由2~3个词组成，甚至是短语，存在于内容页面，除了内容页的标题，还存在于内容中。搜索量非常少，并且不稳定。长尾关键词带来的客户转化为网站产品客户的概率比核心关键词高很多，因为长尾词的目的性更强。存在大量长尾关键词的大中型网站，其带来的总流量非常大。

长尾关键词的基本属性是：可延伸性，针对性强，范围广。

长尾关键词的特点是：细和长。细，说明长尾是份额很少的市场，在以前这是不被重视的市场；长，说明这些市场虽小，但数量众多。

2. 选择长尾关键词的方法

（1）通过网站构思与网站业务相关的关键词。

（2）通过竞争对手来寻找关键词。

（3）通过搜索引擎的相关搜索来确定长尾关键词。

3. 选择及扩展关键词的方法

（1）选择关键词。需要从用户的需求入手，关键词需要精准地与企业所提供的产品和服务相关。一般而言，选择图4-14中的几类词都可以。

图4-14 选择及推广关键词的类型

（2）扩展关键词。由于在竞价广告中的搜索引擎竞价单元，需要将相近或类似的词语放在同一个单元之内，因此按照"意义相近，结构相同"的原则，对关键词进行扩展，使之成为一个便于使用的关键词组。

试一试

李成响团队确定以"钢琴培训"为核心关键词。请根据关键词扩展方法，帮助他们完成关键词序列的设计，填写表4-4。

表4-4　扩展关键词序列

核心关键词：钢琴培训（例)					
序列	关键词及变形	核心词+地域	核心关键词+疑问	核心关键词+价格	目标人群+核心关键词
1	钢琴培训	武昌钢琴培训	武昌钢琴培训哪家好？	钢琴培训多少钱	成人钢琴培训、少儿钢琴培训
2	钢琴培训班				
3	钢琴高考				
4	钢琴一对一				

第四步：通过与百度方联系开设推广账号，将关键词进行竞价。（特别说明：百度竞价是专门针对关键词竞价的方法，不属于此活动内容，此处不展开讲解。）

任务评价

认知搜索引擎营销的任务评价见表4-5。

表4-5　认知搜索引擎营销的任务评价

序号	评价项目	自我评价			
		能准确阐述（优）	能阐述（良）	能大概阐述（合格）	不能阐述（不合格）
1	搜索引擎的概念和使用方法				
2	搜索引擎营销的概念				
3	搜索引擎营销的常见方法				
4	设置及确定核心关键词的方法				

教师评价：

任务二　实施搜索引擎优化

任务介绍

在本次任务中，我们将增强对搜索引擎优化的认知，进一步学习搜索引擎的优化方法，掌握搜索引擎优化的相关操作，知晓SEO在SEM中的重要地位，理解建立优质且符合搜索引擎优化特点的网站平台，是实施搜索引擎营销的关键。

活动一　网站页面基础优化

活动描述

在上一个任务中，李成响团队知道了搜索引擎营销的方法，并设计了搜索的关键词序列。如何将关键词加入到搜索引擎营销中呢？他们再一次困惑了。为了解答疑问，他们请教了谢经理。谢经理告诉大家，关键词的提炼一方面是在搜索引擎投放广告的需要，另一方面也是对网站结构和内容进行优化的依据。于是谢经理带着大家一起来进行探究。

活动实施

第一步:了解搜索引擎优化,知晓搜索引擎优化的内容。

李成响团队之前都没有接触过搜索引擎优化,他们希望了解搜索引擎优化的概念和内容。

知识链接

1. 搜索引擎优化(SEO)

搜索引擎优化的英文全称为Search Engine Optimization,我们通常简称SEO,就是指在了解搜索引擎自然排名机制的基础上,对网站进行内部及外部的调整优化,改进网站在搜索引擎中关键词的自然排名,获得更多流量,吸引更多的目标客户,从而达到网络营销及品牌建设的目的。简单地说,就是利用搜索引擎的搜索规则来提高目的网站在有关搜索引擎内的排名的方式。

2. 搜索引擎优化的工作内容

搜索引擎优化包括内部优化与外部优化。

内部优化包括网站结构的优化、内部链接的优化、页面优化和内容优化四个方面。

外部优化主要是指对外部链接的优化。

对于SEO而言,外部优化理解为反向链接,即需要较多的高质量的站点来链接你的网站,从而增加搜索引擎对于网站的权重。内部优化则是SEO的核心,它包括的影响因素如图4-15所示。

图4-15 SEO的影响因素

知识加油站

搜索引擎营销(SEM)与搜索引擎优化(SEO)的关系见表4-6。

表4-6 SEM与SEO的关系表

内容		SEM	SEO
关联		围绕着搜索引擎开展的一切营销活动都是SEM,SEO是围绕着搜索引擎优化展开的营销活动,也属于SEM	
不同	基本思想	SEM是让用户发现信息,并通过(搜索引擎)搜索点击进入网站/网页进一步了解所需要的信息	SEO的主要目标有两个:尽可能被搜索引擎收录、在搜索结果中自然排名靠前
	目的	SEM就是根据用户使用搜索引擎的方式,利用用户检索信息的机会尽可能地将营销信息传递给目标用户。简单来说,搜索引擎营销就是基于搜索引擎平台的网络营销,利用人们对搜索引擎的依赖和使用习惯,在人们检索信息的时候将信息传递给目标用户	SEO主要是为了关键词的排名、网站的流量、网站的结构、搜索引擎中页面收录的数据

> **想一想**
> 1. SEO进行内部优化的目的是什么呢?
> 2. SEO为什么要进行外部优化呢? 外部优化能带来哪些好处呢?

第二步：进行网站标题优化。

案例4-2

我要买花网是武汉一家鲜花速递公司，经营范围遍及武汉三镇，但是经营者一直苦恼于用户通过搜索进来的流量太少，想要引入更大的流量争取更多的交易机会，于是他找到一家专门做SEO的公司，希望能找到解决办法。

这家公司对整个网站进行了分析，查看了一下原始的网页标题，发现网页描述中有堆砌关键词的问题，如图4-16所示。

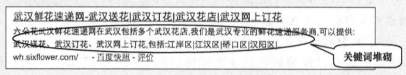

图4-16 堆砌关键词问题

公司对我要买花网的网站进行了全面改动，首先确定了网站的关键词是"武汉鲜花速递"，根据关键词优化后的标题为"武汉鲜花速递就找我要买花网 | 武汉鲜花速递免费送货"，如图4-17所示。

图4-17 我要买花网网站的标题优化

公司又重新评估描述关键词标签，分别改动Descript标签、Keywords标签为：

Descript：六朵花武汉鲜花速递网是武汉专业的鲜花速递服务商，提供优质的鲜花订购服务，武汉全区域送货上门，武汉鲜花速递电话：027-00000000。

Keywords（关键词）：六朵花、武汉鲜花速递网、武汉鲜花购买。

通过对页面进行基础优化之后，我要买花网流量增长的幅度大了很多。

> **想一想**
> 请想一想，案例中原来的网页标题存在什么问题? 修改后的网页标题包含哪些内容呢?

谢经理告诉李成响团队，网站的基础优化包括网站重构、代码与标签的优化。由于网站的优化包括代码和标签等优化要素，这些专业知识需要掌握一些网页设计和HTML才能进行，所以对于初学者而言，优化的重点放在标题优化之上。

知识链接

1. 页面基础优化

页面基础优化，即网页中基础的元素：代码、内容版块和布局等多个因素的优化调整，使其符合搜索引擎检索的条件，满足搜索排名指标，从而使网站更容易被搜索引擎收录，获得更好的排名提升，提高用户体验、提高转化率进而创造更高价值。页面基础优化包括网站重构、代码、标签和正文等多个方面。

2. 页面基础优化的内容

（1）网站重构　　网站重构是以遵循HTML结构化标准的设计，使内容与样式分离的页面表现形式。表现形式为：HTML页面中只有文字和内容，CSS样式分离、Javascript单独放置。简单地讲，就是凡是可以使用外部文件调用的，可以不出现的，尽量不出现。

网站重构是使被搜索引擎索引页面网站时，能够更好地识别网站内容信息，准确抓取正文内容。

（2）Meta标签优化　　Meta标签是HTML标记HEAD区的一个关键标签，它位于HTML文档的<head>和<title>之间。它包括Title、Description、Keywords三个标签。

Title标签也称标题标签。该标签告诉搜索引擎与用户，这个网页的主题是什么。该标签应该准确描述网页内容、使用简短并具有描述性的标题标签，可以由一些单词或短语组成，该标签尽量不要堆积太多关键词。理想情况下，应该为每一个网页建一个唯一的Title标签。

Description标签也称描述标签。它提供该网页的总括性描述，通常由一两个语句或段落组成。如果该处的某个词语恰好出现在用户的搜索中，那么这个词语将会被高亮显示，这有利于提升页面的点击率。该标签与Title标签一样，都应尽可能多地创建与其他页不同的描述，避免千篇一律。

Keywords标签也称关键词标签。这是以前SEO大量堆砌关键词的位置，对于页面优化来说，现在它的重要性已经大不如前。但是在此处，放置几个页面的核心关键词，也还是会有一些作用的。

（3）Heading标签优化　　Heading标签也称为H标签。在HTML语言中，它一共有六种，分别从<H1>至<H6>，权重依次降低。最常用的是H1和H2标签。因此，根据关键词的重要性，从H1至H6依次放入重要性递减的关键词。

由于H标签有CSS格式，通常会比普通的文字大。因此，页面优化内容中，应适当使用H标签。从一般的页面写作来讲，文章标题应出现在H1中，小标签出现在H2上。

试一试

1. 请结合案例，尝试为该钢琴艺术培训机构网站进行网页标题和网页描述的优化，将优化结果填入表4-7中。

表4-7 钢琴艺术培训机构网站标题优化对比

优化项	优化前	优化后
网页标题	少儿钢琴培训、成人钢琴培训、钢琴培训班招生	
网页描述	少儿、成人钢琴培训班火热招生中，招生热线：400-800-8888	

2. 如果你学习过网页和HTML的相关知识，请帮助该钢琴艺术培训机构的网站优化Title标签、Description标签、Keywords标签，将优化后的代码表示结果填入表4-8。

表4-8 页面基础标签优化表

优化标签	优化内容
Title标签	
Description标签	
Keywords标签	

活动二　网站页面内容优化

活动描述

完成第一个活动之后，谢经理告诉李成响团队："想做好网站的整体优化首先要做的就是站内的优化，而站内的优化无非是指内容及质量是否满足用户的需求。有效的高质量的原创文章，不但适合用户浏览阅读，也适合搜索引擎蜘蛛，让这些文章能够提升自己网站的搜索引擎排名。要想做到这一点就需要学习页面内容的提升与优化。所以，在这一活动中，我们将学习页面内容优化及页面关键词优化。"谢经理与李成响团队一起研究该钢琴艺术培训机构的特点，确定网站内容以"钢琴培训"相关的文章内容优化策略，开展内容的优化操作。

活动实施

第一步：策划网站宣传主题，创作网站文章内容。

谢经理要求李成响团队确定主题，确定文章中应该布局的关键词。李成响团队制定了网站宣传内容的策划表，见表4-9。

表4-9 网站宣传内容策划表

文章标题	宣传目的	主要关键词
武汉钢琴高考成功在××（品牌）	××钢琴成功案例，品牌宣传	艺术高考、钢琴高考、知音钢琴培训
武昌钢琴培训前十强	品牌关键词植入	成人钢琴、钢琴培训班、钢琴一对一
儿童几岁学钢琴好	引导家长认知	少儿钢琴、幼儿钢琴、钢琴考级
钢琴暖男高考"最牛艺考生"	热点实事与成功案例宣传	少儿钢琴、琴童、钢琴特长生

李成响团队的成员根据确定好的主题，开始进行文章的编写与伪原创的信息收集工作。但他们碰到的问题是，对这个行业不是很了解，该如何写出一篇好的文章呢？谢经理给他们支招：在网站上进行信息的采集，可以通过关键词查找和网站采集工具等方法，收集相似的文章，进行整合。只要搜索引擎认为重复的内容不多，就会认为是原创文章，从而大大提高文章在搜索引擎中的权重。

知识链接 >>

1. 原创文章的定义

原创文章就是作者首创的，非抄袭模仿的，内容和形式都具有独特个性的物质或精神成果。广义上来说原创文章是发文者撰写的文章，并没有在其他网站发表或其他任何地方发布的文章，与其他人有不同的见地、思想和感悟。从SEO角度上说，原创文章并不是说非得自己写，只要是搜索引擎没有收录的文章，你把它发表了，这对于搜索引擎来说，就是原创文章。

2. 伪原创的定义

伪原创就是把一篇文章进行再加工，使搜索引擎认为是一篇原创文章，从而提高网站权重。搜索引擎不喜欢纯抄袭和纯复制的东西，因此我们就得对复制的文章进行修改。这种修改不是生搬硬套的修改，而是文章内容的重新布局，吸取精华并再造的过程。

知识加油站 >>

网站采集就是打开一个网站，将别人网站上对自己有用的信息转到自己网站上的过程。对于一个网站来说，最重要的就是尽量提供网站内容，吸引更多的访客带来访问量，不管原创还是伪原创都是为了这个目的而存在的。然而原创比较难，尤其对于个人网站来说，就是在这样的情况下，网站采集工具出现了。

火车头采集（www.locoy.com）：通用性强，稳定高效，扩展性强，适用范围广等。

狂人采集器（kuangren.net）：专注于论坛及博客的采集。

试一试

请根据知识链接中的介绍，从表4-9中任选一个文章标题，完成一篇文章的原创或伪原创。

第二步：优化网站文章内容。

李成响团队根据先前设计好的内容和在网络上采集的相关信息，完成了"武汉钢琴高考成功在××"的写作，文章内容如下：

自古以来，通往高等学府的路都是千军万马勇过独木桥的壮观场景再现。那么，那些每一科都一般般的人，在这"宏伟"的无声的战场上，如何找到一席之地？是不是这些人就必须随波逐流，哪里有空缺，自己就只能是那个补缺的，那个注定碌碌无为的人呢？其实不然，还是有很多人注意到，除去基础学科以外，国家还设置了专业学科，艺术类学科就是近几年大家关注的焦点。

就此类考试而言，专业课也占据了一定的比例，而文化课成绩的要求比一般的要低些，这就给艺术考生们创造了一定的有利条件，高考钢琴集训、高考钢琴等组织便应运而生。而在不胜枚举的考前培训班中，××钢琴艺术培训教育占据着领先地位。

为了弥补在学校精力不够、专业教师能力不足等问题，很多学子选择了高考艺术专业培训班。而全国的艺考培训机构数不胜数，找到一家符合自身实际要求、教学水平较高的培训组织不是一件容易的事。这时，湖北省内的很多家长和学生便向着聚集优质的教学资源的武汉进发，缩小选择范围。然而，武汉钢琴培训机构有很多，哪一家培训机构才是名副其实对学生的成绩有帮助的呢？为此，笔者走访了一些求学的考生，他们的回答都是：××钢琴艺术培训，说该机构是钢琴考前培训等艺考教育行业中顶尖的优质品牌，能全心全意地帮助学生实现艺术梦想。那么，××钢琴艺术培训为何能让学生们赞叹不已，其中到底有何缘由？

经过笔者的详细了解，答案其实很简单：因为钢琴培训需要专业的教师与合理的课程设置、标准化教学等，全方位地保证了教学质量。××钢琴培训机构起步于2006年，经过10余年的不断奋斗，如今来培训的学子遍布湖北各市区，并且取得了非常突出的成绩，升学率达到了90%以上。××钢琴艺术教育的课程管理体系是经过市场检验，领导与核心教师多年的教学经验、对高考政策的研究而创建的，通过这套体系的科学管控，大大提高了教学效率，这成了该机构在历年高考中制胜的关键要素。也许有人会质疑：响亮的口号谁都会喊，只有切实的执行与优异的教学成绩才是硬道理。广大的家长和学子们大可放心，××钢琴艺术教育标准的教学体系是在实践的严格贯彻落实下构建的，主要体现在教师培训、教学计划、教材选定三方面上，只有将完美的蓝图变为现实，才是××钢琴艺术教育助力学子圆梦的有效途径。

虽说，××钢琴艺术教育在艺术教学方面有独到之处，但也需要家长与学子们去亲身感受与领悟，希望大家在进取的道路上能够选对助手。

××钢琴助你梦想起航！

> **议一议**
>
> 请议一议，这篇文章是否容易被搜索引擎搜索到呢？请说出你们的理由。

> **知识链接**
>
> **1. 网页内容优化要素**
>
> （1）标题优化　　对于文章内容的概况，要总结出合适的标题，标题不求高雅，但也不能太庸俗，要新颖，有吸引力。好的标题是对文章核心的叙述，起到画龙点睛的作用，有吸引力的标题，还能勾起用户点击的欲望，标题中还要含有文章核心关键词，更有利于搜索引擎的推广。
>
> （2）关键词优化　　关键词的优化也称为页面内容优化。在搜索引擎的内容索引

中，要尽量围绕关键词开展。在页面内容的优化中，关键词布局与密度是两个重要的优化因素。

关键词布局是指编辑关键词在内容中的位置布置。最重要的几个位置分别是开头、正文中间和文章结尾。其中，开头的50～150字需要包含一次关键词；正文中间，出现2～3次关键词或该词的近义词；文章结尾包含一次关键词。

关键词的密度（Keywords Density）也称为关键词频率（Keywords Frequency），是用来量度关键词在网页上出现的总次数与文字的比例，一般用百分比表示。关键词占比越高，则密度越大。例如，某个网页共有200个字符，而关键词为4个字符，并且出现过5次，则关键词密度为10%。关键词密度不是越大越好，根据搜索引擎的特点，该密度值保持在2%～8%为最佳。

关键词的优化中，需要注意不要生搬硬套，相同的词可以使用一些近义词与同义词，提升用户的阅读体验，在搜索引擎中也能取得较好的索引效果。

提示：由于搜索引擎读取图片困难，所以在一般的页面中，不能全部用图片代替文字，而尽量做到图文混排，增加阅读的吸收力。

内容优化要注意三点：①内容开头要承前启后，能够吸引用户更好地看下去，然后再总结一个强有力的结尾；②文章叙述要简洁，不能为了篇幅而增加文字数量，使内容过长，让用户没有心思看下去；③文章过800字，尽量采用文章分页形式，让用户视觉舒服。

2．内容优化的四大原则

（1）内容原创　优化的内容保证一定的原创度，吸引搜索引擎来抓取。

（2）内容的相关性　优化的内容与网站的主题相关，把握好相关度。

（3）用户的体验度　优化的内容一定要具有实用性，能够给用户带来很大的帮助。

（4）内容定期更新　站点的内容要保持定期更新，这是优化内容的基础。

通常，只有遵循以上四大原则才能体现出优化内容的价值所在。对于搜索引擎优化来说，优化内容是一个很重要的方面。

试一试

请在对文章进行分析的基础上，帮助李成响团队修改文章，增加软文被用户搜索的机会，并使排名尽量靠前。

知识加油站》》

关键词是被用户搜索到的，那么在文章中安插大量的关键词，是否被用户搜索到的概率就会更大呢？答案是否定的，试问如果一个文章中有大量的广告，用户会喜欢看吗？因此，文章中的关键词并不需要太多，这可以通过一些方法和手段进行测试：在搜索引擎上搜索"文章关键词密度查询"后，点击链接进入"搜收录批量查询网"，如图4-18所示。

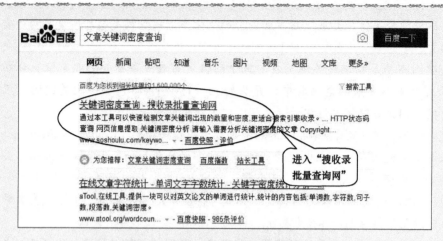

图4-18 查找文章关键词密度查询工具

将内容优化完成后的文章,放置入主框进行关键词密度测试,测试完成后结果如图4-19所示,不超过密度建议值,该文章符合测试的优化结果。

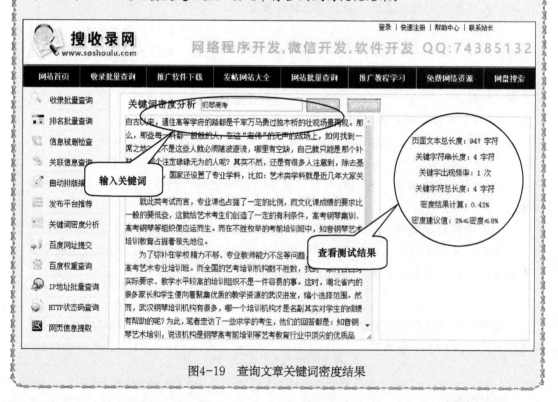

图4-19 查询文章关键词密度结果

试一试

请同学们将自己修改的文章再次进行内容优化,并用密度查询工具进行测试,检查是否符合优化要求。

任务评价

实施搜索引擎优化的任务评价见表4-10。

表4-10 实施搜索引擎优化的任务评价

序号	评价项目	自我评价			
		能准确阐述（优）	能阐述（良）	能大概阐述（合格）	不能阐述（不合格）
1	搜索引擎优化的概念				
2	搜索引擎优化的内容				
3	网页标题优化方法				
4	网页内容优化要素				

教师评价：

项目总结

本项目的主要内容包括认知搜索引擎营销和实施搜索引擎优化两个学习任务。

认知搜索引擎营销主要是通过让同学们掌握正确的搜索方法，从而认识搜索引擎营销使用关键词的搜索原理，了解关键词的重要性，并学习关键词的设计方法。

实施搜索引擎优化任务是通过网站页面的基础优化及页面的内容优化，让同学们学会搜索引擎优化的基础步骤，掌握搜索引擎优化的一般方法。

本项目是本教材的实践项目，旨在帮助同学们理解并掌握搜索引擎营销、搜索引擎优化的内容和方法。

项目练习

一、不定项选择题

1. 优化文章内容可以从（　　　）入手。
   A. 修改标题　　　　　　　　　　B. 文中插入链接
   C. 修改结尾段落　　　　　　　　D. 修改关键词密度
2. Meta标签一般包含（　　　）。
   A. Head　　　　B. Javascript　　　C. Tile　　　　D. Description
3. 网站的关键词可以选择（　　　）。
   A. 热门关键词　　　　　　　　　B. 品牌关键词
   C. 目标关键词　　　　　　　　　D. 长尾关键词
4. 搜索引擎的工作原理包括（　　　）。
   A. 抓取存储　　　B. 爬行　　　　C. 预处理　　　D. 排名
5. 百度搜索引擎使用"或搜索"的表达公式，表述不正确的是（　　　）。
   A. "搜索词1"＋"|"＋"搜索词2"的格式
   B. "搜索词1"＋"空格"＋"搜索词2"
   C. "搜索词1"＋"空格"＋"-不想包含的搜索词2"
   D. 在搜索词外加双引号
6. SEO网站页面优化包含（　　　）。
   A. 网站重构　　　　　　　　　　B. 内容优化
   C. Heading标签优化　　　　　　D. Meta标签优化

7. 文章优化技巧有（　　　）。
   A. 关键词拆分　　　　　　　　　B. 文章头尾出现关键词
   C. 关键词密度合理布局　　　　　D. 关键词形式变换

二、判断题
1. SEM是搜索引擎营销，SEO是搜索引擎优化，它们是两个独立的概念。（　）
2. 原创文章有利于增强网站的体验，从而提升网站在搜索引擎中的排名。（　）
3. 企业在推广过程中，只有开展SEM才能很快地看到推广效果。（　）
4. 搜索引擎营销可以看成是关键词的竞价方式。（　）
5. 进行搜索引擎营销，可以先进行用户的细分，以提取适合的推广关键词。（　）

三、简答题
1. 简述搜索引擎营销的含义。
2. 简述网站内容优化的要素及原则。
3. 简述如何优化Title标签、Description标签与Keywords标签。

项目五 E-mail营销

项目简介

随着社交媒体的不断兴起，不少人认为E-mail营销会淡出电商视野，然而作为最早的网络营销方式，E-mail营销依然是带来销售业绩的最佳途径之一。

本项目中，我们将从案例分析入手了解E-mail营销的概念，通过与传统广告的对比分析，知晓E-mail营销的优缺点，通过对相关知识的学习，加深对E-mail营销目标受众细分重要性的理解，能利用网络等相关渠道搜索信息，收集E-mail地址，撰写E-mail并群发邮件。

项目目标

- 了解E-mail营销的概念及优缺点。
- 理解E-mail营销目标受众细分的重要性。
- 了解E-mail地址的收集方法。
- 掌握E-mail的撰写与发送方法。

任务一 认知E-mail营销

任务介绍

在生活中，我们常常看到邮箱里出现陌生人发送的邮件，这些邮件大部分是广告商的促销广告，这些广告会有人点击吗？如果会的话，又是哪些人会点击呢？他们又是否会购买邮件中的促销商品呢？在本次任务中，我们将走进E-mail营销，通过案例了解E-mail营销，知晓E-mail营销的优缺点，明确E-mail营销的概念，形成对E-mail营销的基本认知。

活动一 E-mail营销案例解析

活动描述

李成响团队在公司运营部实习已经有一段时间了，对网络营销有了基本认识。谢经理告诉大家本月公司将开展促销活动，准备通过邮件形式把活动信息告知客户，要求李成响团队上网了解关于E-mail营销的知识，为公司即将开展的E-mail营销活动做准备。李成响打算先看看其他公司的案例，从中了解E-mail营销的特点。

活动实施

第一步：通过网络搜索，找出并解析E-mail营销成功的案例。

案例5-1

"史上最萌"邮件——美团网

由于互联网及电子邮件的普及，E-mail营销不仅能帮助企业发掘用户、提升销量，还能帮助企业做口碑传播。在社会化媒体如此发达的当下，一封成功的营销邮件，对一个企业的口碑传播是大有裨益的。

那么，什么样的营销邮件会产生口碑传播的效应呢？下面就以美团网邮件营销的成功案例为样本解析一下。美团网创立以来专注于线上的营销推广，并在创业第二年就创造了年销售额55亿元的成绩，其营销案例值得借鉴与思考。

据悉，美团网曾向一些非活跃用户发送了一封题为"你离开后，感觉不会再爱了"的营销邮件，并在用户间形成了口碑传播，引发了众多网友在微博上的讨论。大家对美团网这封萌点十足的邮件赞不绝口，直呼是"史上最萌"的营销邮件，一位网友评论道："美团网的邮件强大了，风骚又不失文艺，文艺又不失诱惑，诱惑又不失小清新。"

当看到这个标题的时候，相信出于好奇，很多用户都会点开一探究竟。而事实上也确实如此，微博上很多网友表示，着实被邮件标题吓到了，有些人以为是某个前男/女友发来的，更有人"责怪"道，要是让自己老婆看到了，肯定会以为是某个小三的杰作。其实，这封邮件的用意很简单，就是向用户赠送一张"5元代金券"，如图5-1所示。

不过，如果是和一般营销邮件似的硬塞来一张优惠券，可能也就不会产生这种效果了。因为但凡理智一点的用户都会明白为啥要给5元钱。但是，美团网这个邮件的高明之处，就在于邮件正文写得非常别致。更像是一个委屈的、受伤的恋人在和你撒娇、卖萌："你费劲巴拉地得到我，又不回来看我，我是美团，你还记得我吗？难得来看我，却又离开我，为何你从不放弃漂泊？路途并不遥远，有我的守望，还有，5元盘缠就在下边，千万藏好了。"

美团网的邮件在微博上不仅受到了用户的热议，被称为"史上最萌"的营销邮件，许多业界人士及加V的营销人员也对该邮件的新颖立意表示赞叹。例如，某邮件营销平台表示，美团网的营销邮件"够煽情"。另一网友则表示："如何让客户不那么讨厌你的广告邮件？美团这点做得不错。"试想在一天的忙碌之后，有这样的一种营销方式，它不仅给你小恩小惠，还会像恋人似的和你撒娇，你还会烦吗？

除了造成口碑传播效应，E-mail营销提升销量的作用也很大。因为即便很多人不看，正常的反馈率也在5%~15%，比传统的页头广告高出50倍之多。而且效果立竿见影，在发完邮件的几分钟内也许就能看到反应和新的订单，并可以调整最佳时刻来群发邮件以获得最高的反馈率。其测试的时间成本也很低，几个小时内就能基本得出结果。不过，如果想在提升销量的同时形成口碑传播，就要像美团网的营销邮件一样，在内容上出奇制胜，引起用户的好奇并产生自动传播的欲望。

图5-1 《你离开后，感觉不会再爱了》营销邮件

知识链接

1. E-mail营销的定义

微课6
E-mail营销

E-mail营销，即E-mail Direct Marketing，缩写为EDM，是在用户事先许可的前提下，通过电子邮件的方式向目标用户传递价值信息的一种网络营销手段。E-mail营销有三个基本因素：用户许可、E-mail传递信息、信息对用户有价值。三个因素缺少一个，都不能称之为有效的E-mail营销。

2. 开展E-mail营销的基础条件

开展E-mail营销主要解决三个问题：向哪些用户发送电子邮件，发送什么内容的电子邮件，以及如何发送这些邮件。

（1）E-mail营销的技术基础　　从技术上保证用户加入、退出邮件列表，并实现对用户资料的管理及邮件发送和效果跟踪等功能。

（2）用户的E-mail地址资源　　在用户自愿加入邮件列表的前提下，获得足够多的用户E-mail地址资源，这是E-mail营销发挥作用的必要条件。

（3）E-mail营销的内容　　营销信息是通过E-mail向用户发送的，邮件的内容对用户有价值才能引起用户的关注，有效的内容设计是E-mail营销发挥作用的基本前提。

> **想一想**
> 1. 在以上案例中，你觉得吸引你的是什么？是标题，是内容，还是创意呢？
> 2. 了解E-mail营销的定义，说说你见过的有趣的E-mail营销邮件。

> 试一试
> 1. 请结合网络，寻找一个靠E-mail邮件造势成功的营销案例。
> 2. 请上网或向亲朋好友进行调查，了解大家常用的电子邮箱并进行分享。

第二步：将传统传单广告（见图5-2）与当当网的邮件广告（见图5-3）进行比较分析，找出它们的不同之处。

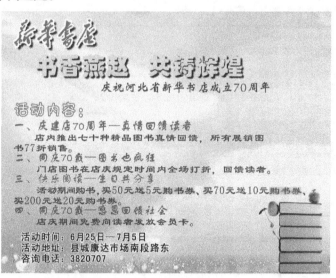

图5-2　传统传单

图5-3　当当网的广告邮件

图5-3 当当网的广告邮件（续）

> **知识链接** »»

E-mail营销的特点如下：

（1）范围广　　随着国际互联网的迅猛发展，截至2018年6月，我国网民规模达8.02亿人。面对如此巨大的用户群，作为现代广告宣传手段的E-mail营销正日益受到人们的重视。只要拥有足够多的E-mail地址，就可以在很短的时间内向数千万目标用户发布广告信息，营销范围可以是全国乃至全球。

（2）操作简单、效率高　　在E-mail营销中如果使用专业的邮件群发软件，可实现每天数百万封的发信速度。操作不需要高深的专业计算机知识，也不需要烦琐的发送过程，发送上亿封的广告邮件一般几个工作日便可完成。

（3）成本低廉　　E-mail营销是一种低成本的营销方式，所有的费用支出就是上网费，成本比传统广告形式要低得多。

（4）应用范围广　　E-mail发送的广告内容不受限制，适合各行各业。因为广告的载体就是E-mail，所以具有信息量大、保存期长的特点，具有长期的宣传效果，而且收藏和传阅非常简单方便。

（5）针对性强、反馈率高　　E-mail具有定向性，你可以针对某一特定的人群发送特定的广告邮件，也可以根据需要按行业或地域等进行分类，然后针对目标客户进行广告邮件群发，使宣传一步到位，这样做可以使营销目标明确，效果非常好。

议一议

请议一议传统传单广告与邮件广告有什么不同，然后填入表5-1。

表5-1　传单广告与邮件广告的区别

对比项目	传单广告	邮件广告
内容承载量		
传播范围		
传播目标		
传播功能		
传播速度		
传播成本		
宣传效果		
反馈速度		

活动二　细分E-mail营销目标受众

活动描述

李成响团队通过活动一，了解了E-mail营销的特点，但是对营销邮件到底应该发给谁才有效，心里没底。谢经理让他们先找到公司的目标受众，再制作公司的广告邮件开展营销活动。

活动实施

第一步：通过案例分析，明晰细分E-mail营销目标受众的重要性。

知识链接

企业的营销活动总是以人群中的某一特定对象为目标，这就是企业的目标市场。同样的，广告也是以特定的人群为目标的，我们将其称之为目标受众。

从客户需求的角度来看，不同类型的客户需求是不同的，想让不同的客户对同一企业都感到满意，就要求企业提供有针对性的符合客户需求的产品和服务，而为了满足这种多样化的异质性的需求，就需要对客户群体按照不同的标准进行客户细分。

从客户价值的方面来看，不同的客户能够为企业提供的价值是不同的，企业要想知道哪些是自己最有价值的客户，哪些是忠诚客户，哪些是潜在客户，哪些客户的成长性最好，哪些客户最容易流失，就必须对自己的客户进行细分。

从企业的资源和能力的角度来看，如何对不同的客户进行有限资源的优化应用是每个企业都必须考虑的，所以在对客户管理时非常有必要对客户进行统计、分析和细分。只有这样，企业才能根据客户的不同特点进行有针对性的营销，赢得、扩大和保持高价值的客户群，吸引和培养潜力较大的客户群。客户细分能使企业所拥有的高价值的客户资源显性化，并能够就相应的客户关系对企业未来盈利的影响进行量化分析，为企业决策提供依据。

细分目标受众之后，有三个优点：第一，便于营销。企业的活动更易于满足比较小的消费者群体。第二，针对性强。识别目标客户，有利于市场细分，利用准确的市场定位，也有利于为成熟的产品寻找新的消费者。第三，提高有效性。把主要市场资源用在最忠实的客户身上。

知识加油站

2014年1月13日，中央电视台《新闻直播间》栏目在《挡不住的垃圾邮件》报道中指出，全国网民一年收垃圾邮件超3700亿封，我国已经是世界上使用E-mail人数最多的国家。报道称，搜狐有一款邮件群发软件，这款垃圾邮件发送软件一年的发送量就达到了十几亿。

站在企业角度，E-mail营销这一营销渠道更像是烹制企业发展这桌饕餮盛宴时的一味调料，但由于缺少规范制度，给部分企业决策者造成了一种E-mail营销"低价、量大"，甚至"三流营销手段"的假象。而对于一般用户来说，E-mail营销更被大多数人认为是不受欢迎的事儿。即使邮件主题就是赤裸裸的"大降价""超低折扣"，都让阅读者第一反应就是看好钱包，加之少许的不屑一顾。因此，想要做好E-mail营销并非一件容易的事，在这方面，美团网的成功经验值得借鉴。

想一想

1. 请问你的邮箱里是否常有陌生人发送的邮件?这些邮件是你感兴趣的吗?为什么?
2. 你是怎样处理不感兴趣的邮件呢?这些邮件给你带来了怎样的影响?

议一议

请上网搜索相关知识,谈一谈怎样避免产生垃圾邮件。

第二步:通过案例分析,知晓细分E-mail目标受众的方法。

案例5-2

淘宝平台茵曼旗舰店开展夏季促销活动,选择用E-mail发送产品图片和相关信息,如图5-4所示。根据服装风格,茵曼将目标受众定位于18~30岁的年轻女性,喜欢小清新和棉麻材质风格的服装。

¥170
茵曼2017新款绣花百褶裙文艺范裙子半身裙中长裙A字裙1861110121
总销量:8756

¥169
[基础百搭]茵曼新款半身裙白色文艺纯棉百褶裙夏中长裙1862111792
总销量:5097

图5-4 茵曼旗舰店的产品

茵曼依靠网购平台的CRM系统对客户进行了细分:对于准妈妈客户群,茵曼针对性地制订相应的营销方案,推送宽松舒适柔滑的产品;对于聚划算客户群,茵曼会推送200元以下的产品优惠内容;针对会员推出《石茵》月刊、棉麻布偶等会员礼品,既形成了稳固的消费群体,也在一定程度上提升了品牌价值感。

茵曼对客户进行了细分,对不同的消费群体发送了不同的促销邮件,提供了符合客户需求的产品和服务,满足了多样化的异质性的需求,这样无形中在茵曼与会员之间搭建了一条关怀常在的桥梁,让会员倍感受重视,从而产生强烈的内心共鸣,达到稳固品牌关系的良好效果。此次夏季促销活动使茵曼忠实顾客群比去年同期增长了66%,品牌在电商平台的搜索指数增长近150%。

议一议

1. 茵曼旗舰店细分目标受众的依据是什么？细分E-mail目标受众对企业开展E-mail营销有什么好处呢？

2. 请结合网络搜索，再寻找2~3个细分E-mail营销目标受众的方法。

试一试

请浏览以下不同类型的服装品牌旗舰店，分析这些品牌的目标受众分别是谁，说出他们的特点，并填写表5-2。

表5-2 服装品牌店目标受众分析表

服装品牌	目标受众范围	目标受众的特点
妖精的口袋		
美特斯邦威		
哥弟		

任务评价

认知E-mail营销的任务评价见表5-3。

表5-3 认知E-mail营销的任务评价

序号	评价项目	自我评价			
		能准确阐述（优）	能阐述（良）	能大概阐述（合格）	不能阐述（不合格）
1	E-mail营销的概念				
2	E-mail营销的特点				
3	开展E-mail营销的基础条件				
4	分析目标受众				

教师评价：

任务二 制作与发送E-mail

任务介绍

了解了什么是E-mail营销，我们来制作一份广告邮件。在本次任务中，我们将通过线下和线上渠道收集E-mail地址，了解E-mail营销的方法，撰写E-mail内容，并发送E-mail。

活动一 收集E-mail地址

活动描述

在上次的任务中，李成响团队了解到细分E-mail营销目标受众的重要性，但是他们并

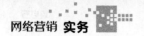

不知道从何处找到E-mail地址，于是向谢经理请教如何获取目标受众的E-mail地址。谢经理告诉大家收集E-mail地址的渠道有线上收集和线下收集两种。

活动实施

第一步：通过公司的历史订单，获取历史客户的E-mail地址。打开淘宝店铺历史订单记录，选择一位客户的历史订单，查看订单详情，如图5-5所示。单击买家信息栏中邮件后的"发送站内信"，即可超链接到邮件制作页面，如图5-6所示。

图5-5　历史订单

图5-6　发送站内邮件

第二步：在公司官网获取E-mail地址。公司官网可以对产品和服务进行完整的概述，并在网站注册的时候，让用户留下自己的E-mail地址，鼓励用户参与互动。下面，我们以MICHAEL KORS奢侈品官网举例。

（1）打开官网www.michaelkors.cn，进入注册页面，如图5-7所示。

图5-7　MICHAEL KORS官网注册页面

（2）输入手机号码，验证进入下一步完善资料。在这一环节中，我们看到网站需要我们填写邮箱地址，并默认订阅MICHAEL KORS品牌咨询和商品信息，如图5-8所示。

图5-8　MICHAEL KORS官网完善资料

第三步，线下收集。公司通过线下实体店开展注册会员的方式，获取客户E-mail地址。

知识加油站

通过以上方法收集用户的E-mail地址有三个作用：①保密性强。通过个人活动获取E-mail地址，得到用户的许可。②便于营销。在客户允许的情况下，发送广告邮件，利于开展E-mail营销。③易于效果监测。可根据用户的阅读率、点击率和购买率来分析活动效果。

试一试

请上网搜索以下品牌官网，了解客户注册时是否要求填写E-mail地址并提供邮件订阅服务。请选择其中一个网站注册成为其会员，进行深入了解，并填写表5-4。

表5-4 品牌官网注册信息记载表

品牌	网址	注册会员信息内容	是否提供邮件订阅服务	请截图邮箱中的订阅邮件
耐克	www.nike.com			
骆驼	www.camel.com.cn			
欧莱雅	www.lorealparis.com.cn			

活动二 撰写E-mail主题与内容

活动描述

经过学习，李成响团队知道开展E-mail营销需要具备一定的环境条件，如：一定数量的E-mail用户；有专业的E-mail营销服务商；用户对于接收到的信息有一定的兴趣和反应（如产生购买、浏览网站和咨询等行为）。于是，他们进一步学习如何撰写符合营销要求的E-mail邮件。

活动实施

第一步：撰写E-mail主题，如图5-9所示。E-mail主题设计是否合理将会直接影响用户是否打开邮件，其重要性不言而喻。

图5-9 梦芭莎邮件主题

知识链接

1. E-mail主题的作用

（1）收件人快速了解E-mail的大概内容或最重要的信息。

（2）在E-mail主题中表达基本的营销信息。

（3）区别于其他类似的E-mail。

（4）为了方便日后查询E-mail。

（5）尽可能引起收件人的兴趣。

2．E-mail主题设计中常见的错误

没有E-mail主题；E-mail主题过于简单或过于复杂，过简难以表达E-mail内容的核心思想，过长又显得啰唆；E-mail主题信息不明确，和内容没有直接关系，或者有意采取故弄玄虚甚至欺骗的手段来获得用户的关注；E-mail主题信息不完整；E-mail主题没有吸引力等。

第二步：撰写发件人信息，如图5-10所示。在正规的E-mail营销中，对于发件人信息的设置应该重视，但不可滥用。一般来说，应该如实地设置发件人公司名称（品牌名称）和真实的E-mail地址，以给用户提供真实的信息。这样，一方面用户可以根据发件人是否和自己有关来判断要不要阅读E-mail内容；另一方面，即使用户不打开E-mail，也可以在一定程度上起到宣传的效果。

图5-10　宜家发件人信息

知识加油站

1．发件人信息设计技巧

在一般的个人通信邮件中，发件人并不统一，有些可能是个人姓名或姓名的汉语拼音缩写，有些则可能是E-mail地址，甚至只是E-mail账号。但如果是商业邮件，尤其是作为开展E-mail营销的商业邮件，这样简单随意的发件人信息设计就不太合适了。因为发件人信息是收件人考察E-mail可信度的重要因素。

在发件人信息的具体设计上，有两种方式可以考虑：发件人公司名称或品牌名；发件人公司名称或品牌名缩写加上真实的E-mail地址。如图5-11所示，这封E-mail的发送来源于store-news@amazon.cn，从E-mail的头像和署名可以看出是亚马逊平台。

图5-11　亚马逊邮件的发件人信息

2．E-mail署名设计技巧

E-mail中的署名是邮件内容不可缺少的组成部分，既是对发件人信息的补充，也是收件人进一步建立对发件人的信任的必要信息。同时，E-mail署名是一个公司品牌形象的组成部分，对企业网络品牌具有一定的营销。正规公司的E-mail署名（尤其是对外部联系时的E-mail）都有统一的格式设计，这样不仅看起来比较规范，而且体现了公司的品牌形象，尤其是当多个人员或多个部门都需要与用户发生通信联系时，这种效应更加明显，如图5-11所示，署名为亚马逊的网址：Amazon.cn。

第三步：撰写E-mail正文。E-mail的正文应体现"个性化"广告信息并选择合适的形式，如图5-12所示。具体做法包括：

（1）突出公司的标志。
（2）将最重要的信息设计在E-mail预览框中。
（3）运用不同颜色来强调重点。
（4）使用统一的字体。
（5）简洁明了，突出重点。
（6）使用图片作为补充。
（7）切勿在图片中嵌入正文。
（8）行文排版，巧用空行。
（9）选择最佳的邮件格式。

图5-12 梦芭莎E-mail正文

> **议一议**　请对以上知识进行学习，然后对图5-3当当的广告邮件进行分析，填写表5-5。

表5-5　当当网广告邮件基本要素分析

基本要素	主要内容
E-mail主题	阅读陪伴成长，全场童书4.9折，玩具童装满200元减100元
发件人信息	
主要推广产品	
E-mail署名	

知识加油站

E-mail只有对收件者提供有用的信息，才能吸引其打开，真正达到营销目的。中小企业的E-mail大致有新闻通讯、邀请、感谢与问候等类别。新闻通讯类，定时发布对客户有用的信息，信息中包含产品、新服务；邀请类，邀请客户参与企业的一些活动；感谢与问候，特殊主题的贺卡；季节性和节日性主题，可以发一些针对节日的产品信息给客户，或者在季节更替之际，针对客户做一些宣传。

E-mail制作的要求如下：

（1）E-mail的内容需要有侧重点。对于公司客户、会员及一般联系人要设计不同的内容和风格。由于公司客户、会员及一般联系人对本公司认知度的不同，E-mail的内容可设置为：体现服务加大忠诚，加大奖励吸引首次购买，突出信息形成认知等。设计风格更需要简单明了，让客户一眼就能看出来是怎么回事。

（2）引进HTML格式的E-mail。HTML格式体现内容更丰富、更动感，也能让客户直接点击感兴趣的内容进入企业官网，还能对每一个内容区的客户点击情况进行检测。

（3）E-mail标题是关键。标题的拟写是一门艺术，特别是一般联系人，如果标题写得无趣，没有亮点，往往就被用户忽视或删除。标题要尽量吸引眼球、设置悬念或直击用户需求。

想一想

请结合所学知识，从自己的邮箱中找出三封营销邮件，思考一下它们是否符合E-mail营销内容基本要素的要求。如果不符合，请帮其改一改，并填写表5-6。

表5-6 E-mail营销基本要素要求判断表

E-mail主题	发件人信息	E-mail内容	是否符合要求	修　　改

试一试

1. 百雀羚日化品牌"双11"对老会员开展促销活动，请为该品牌设计一封E-mail营销邮件。
2. 将这份E-mail发送给小组成员，由小组成员评选最优秀的营销邮件。

活动三　群发E-mail

活动描述

李成响团队对E-mail营销有了基本认识后，开始着手制作营销邮件并通过专业服务商的发行平台群发给目标客户，希望能挖掘一些潜在客户，激活一些沉睡客户，呼唤一些忠实客户，让公司的知名度有所提升，产品销量提高。

活动实施

李成响团队完成了广告邮件的撰写，商量后决定选择QQ邮箱完成营销邮件的发送。

第一步：通过QQ邮箱的群邮件功能群发营销邮件。

知识加油站

QQ的群邮件是QQ邮箱基于QQ群用户推出的一项新的邮件服务，它充分利用QQ群的资源，以论坛帖子的形式组织对于某一话题的讨论，QQ群成员回复的E-mail内容将会聚合在同一个E-mail中，对群内全体成员可见，如图5-13所示。

图5-13　群邮件

（1）登录QQ，单击邮件标志，如图5-14所示。快速进入邮箱，也可以百度"QQ邮箱"，在网页中查找并登录。

（2）进入QQ邮箱后，和发普通邮件一样，单击左上角的"写信"按钮，如图5-15所示。

图5-14　邮件标志

图5-15　写信

（3）进入写邮件界面后，在网页上方单击"群邮件"按钮，如图5-16所示。

（4）单击"QQ群"文本框，在下拉框中选择群发的QQ群，随后输入主题和正文，单击"发送"按钮可群发邮件，如图5-17所示。

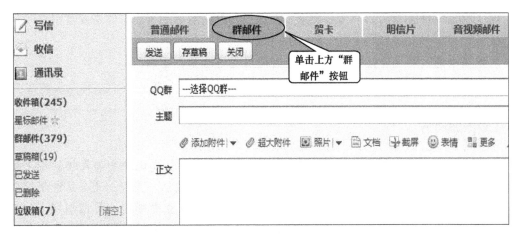

图5-16 选择群邮件

图5-17 发送群邮件

第二步：通过QQ邮箱中的好友通讯录功能群发营销邮件。

（1）单击"写信"按钮后，在页面右侧可以看到QQ好友里的分组，选择要发送的好友，邮箱地址就会出现在收件人选框中，如图5-18所示。如果发送邮件的对象不是好友，可直接在"收件人"的输入框中输入对方的E-mail地址。

图5-18 选择QQ分组里的好友

（2）完成邮件撰写后，单击"发送"按钮，对这些细分的客户群体群发营销邮件。

> **想一想**
> 请想一想，群发营销邮件选择哪个时间段发送比较合适呢？

知识加油站

什么时候才是发送邮件的最佳时刻？这要取决于邮件发送者和邮件接收者。根据Pivotal Veracity公司的调查，清晨发出邮件的打开率最低。星期一是公认最不适合群发邮件的一天，因为许多人开始工作的第一件事就是查看邮箱，习惯删掉一切不重要的、不相干的邮件，以便整理思绪，开始新的一天。在邮件营销研究中，这个理论已被众多实践证明了。除非客户群与众不同，或者有十足的把握，否则不要在星期一发信。

事实上，每逢周末网上活动就会普遍减少。可能是因为人们在周末把时间花在跟家人团聚或户外活动上，或者只是想从工作日上网的环境中解脱出来。几乎每种有关网上活动的参数在周末都会直线下降，包括邮件打开率，所以也要避免在周末群发邮件。大多数研究表明，在星期二、星期三和星期四发送的邮件产生的效果最好。所以，如果你想得到好的效果，在周中的下午发送邮件是最明智的。

另外，根据调查显示，最佳发送时刻比例峰值出现在10:00左右。

尽管上面提到了很多规则，但是邮件营销最重要的规则就是测试，或许某些特殊的客户对星期一或周末的邮件反应较好，又或许有人在大清早就上网查信。检验这些规则是否适合的唯一方法就是不断地测试，找到最适用自己列表的方法，甚至每个邮件列表都要区别对待，因为不同的邮件列表会得到不同的反应。

知识加油站

E-mail发送后还需要检测发送成功率。大致要做如下工作：

（1）分析失败的原因。例如，网络原因、群发软件原因、E-mail大小原因、E-mail地址真实性的原因等，通过各个原因针对性解决，过滤一些错误的、无效的E-mail地址。

（2）检测回馈指数。E-mail营销不是一对多的传递，而是一对多的互动。要检测有多少客户参与互动，调查、了解这部分客户能让企业获得更多的益处，了解他们的兴趣点能指导企业下次进行E-mail内容设置，了解他们的意见能改进企业的工作。

（3）E-mail浏览数据监测。在制作E-mail的时候，需要把E-mail的内容分成几块，对每块内容的点击进行检测，通过数据了解点击率，以便于后续工作的改进。

（4）及时回复E-mail。企业必须做到确保每一位客户的信件都能得到认真的答复，尽快回复客户的咨询。

> **想一想**
> 请自行设计制作一封某活动推广的E-mail，选择一个自己的QQ群，通过QQ邮箱的群邮件功能群发到该QQ群，并检测E-mail的发送成功率和回复率。

任务评价

制作与发送E-mail的任务评价见表5-7。

表5-7 制作与发送E-mail的任务评价

序号	评价项目	自我评价			
		能准确阐述（优）	能阐述（良）	能大概阐述（合格）	不能阐述（不合格）
1	收集E-mail地址				
2	撰写E-mail标题与内容				
3	群发E-mail				
教师评价：					

项目总结

本项目的主要内容包括认知E-mail营销和制作与发送E-mail两个学习任务。

认知E-mail营销主要通过E-mail营销案例解析入门，让同学们感受E-mail营销，了解E-mail营销的概念及特点，并能够理解E-mail营销目标受众细分的重要性。

制作与发送E-mail的内容主要帮助同学们了解线上线下收集E-mail地址的方法，再学习撰写E-mail的技巧，最后能选择邮件平台群发E-mail。

本项目是网络营销中的一个重要营销手段，旨在帮助同学们理解网络营销的方法，理解本课程的重要性。

项目练习

一、不定项选择题

1. 以下对E-mail营销概念的理解正确的有（　　）。
   A. E-mail营销不需要通过用户许可
   B. E-mail营销是建立在互联网基础之上的
   C. E-mail营销是用来传递信息的
   D. E-mail营销的产品可以是任何商品
2. 发送营销邮件时，发件人信息的设计方式上，可以考虑（　　）。
   A. 发件人公司名称　　　　B. 发件公司的品牌标志
   C. 公司部门名称　　　　　D. 产品名称
3. 细分E-mail营销目标受众的作用包括（　　）。
   A. 满足客户需求　　　　　B. 挖掘潜在客户
   C. 提升销量　　　　　　　D. 提高公司知名度
4. 通过（　　）方法可以获取E-mail地址。
   A. 历史订单　　　　　　　B. 会员注册
   C. 线下推广　　　　　　　D. 店铺促销
5. 以下对电子邮件主题设计理解正确的是（　　）。
   A. 内容越具体越好　　　　B. 设置悬念
   C. 加入特殊符号　　　　　D. 字数尽量少

二、判断题
1. 制作E-mail时，放入图片、视频，让E-mail更生动丰富。　　　　（　）
2. 在E-mail营销活动中，发送完E-mail就表示营销活动结束了。　　（　）
3. 企业在E-mail中无须注明公司名称。　　　　　　　　　　　　　（　）
4. 企业发送E-mail时，选择匿名发送，以免被拉黑。　　　　　　　（　）
5. E-mail主题设计要吸引客户点击。　　　　　　　　　　　　　　（　）

三、简答题
1. E-mail营销的特点是什么？
2. 开展E-mail营销的基础条件是什么？
3. E-mail的制作要做到哪几点？

项目六 论坛营销

项目简介

在本项目中,我们将从论坛营销成功案例着手,了解论坛及论坛营销的基本概念及基础知识。通过网络等相关渠道搜索信息,了解并掌握论坛营销平台及其选择、论坛营销标题的确定、帖子的撰写及跟帖与回帖的技巧等,从而掌握论坛营销的思维与方法。

项目目标

- 了解论坛营销的概念及优势。
- 了解论坛营销的目标与受众分析的重要性。
- 掌握论坛营销标题撰写与内容编辑的方法。
- 掌握跟帖与回帖的技巧。

任务一 认知论坛营销

任务介绍

在本次任务中,我们将走进论坛营销,通过对成功的论坛营销案例进行解析,来发现和接触论坛营销,学习论坛营销的基础知识,明确论坛营销的基本概念,了解论坛营销的目标与受众分析的重要性,理解论坛营销目标与平台的关系,形成对论坛营销的基本认知,从而理解论坛营销在网络营销中的重要作用。

活动一 论坛营销案例解析

活动描述

××建材公司是李成响团队所在实习企业的客户,其销售经理说2017年他带领的团队在论坛上做推广,使公司的产品销量大幅提升,从而年终获得了丰厚的奖励。这让同学们对论坛营销产生了强烈的兴趣,但对怎么做论坛营销知之甚少,于是向谢经理请教,谢经理带领他们分析论坛营销的典型案例,帮助他们解决困惑。

活动实施

第一步：通过网络搜索，找出并解析论坛营销成功的案例。

案例6-1

2008年5月18日，中央电视台为汶川大地震举行"爱的奉献2008抗震救灾募捐晚会"，东莞加多宝公司（凉茶王老吉的生产商）代表阳先生手持一张硕大的红色支票，以1亿元的捐款成为国内单笔最高捐款企业，顿时成为人们关注的焦点。"希望他们能早日离苦得乐。"伴随着这句话和1亿元的巨额捐款，广东加多宝集团"一夜成名"。

就在加多宝宣布捐款1亿元的时候，就在人们为一个民营企业能这样慷慨而激动万分的时候，一则"封杀"王老吉的帖子也在网络热传。5月20日晚，天涯论坛上出现了名为《让王老吉从中国的货架上消失！封杀它！》的帖子："王老吉，你够狠！捐一个亿，胆敢是王石的200倍！为了整治这个嚣张的企业，买光超市的王老吉！上一罐买一罐！"

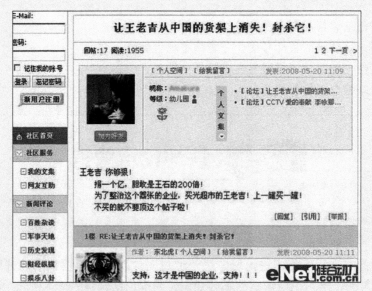

图6-1 天涯论坛上的帖子

帖子的内容不多，却马上引来了许多跟帖者，到6月2日，这个帖子的浏览量已经超过52万次，回帖多达5000多条。"封杀王老吉"的帖子多次被搜狐、网易和奇虎等国内人气最旺的论坛转载，受到网友的热捧，众多媒体对这一事件的关注和跟进报道，使这家原本默默无闻的公司一举成名。

知识链接

1. 论坛的定义

论坛又名BBS，英文为Bulletin Board System（电子公告板），是互联网上的一种电子信息服务系统，访问者可发布信息或提出看法，交互性强，内容丰富。论坛按不同的主题分为许多板块，用户可以阅读别人关于某个主题的看法，也可以将自己的想法毫无保留地发帖到论坛中。

2．贴吧的定义

贴吧相当于一个开放式的论坛，如百度贴吧，自由度很高，不用注册也可以回帖和发帖，而且很容易申请吧主，自己当版主，建立自己的论坛。

3．社区的定义

社区是一个包括BBS/论坛、讨论组、聊天室和博客等形式在内的网上交流空间，同一主题的网络社区集中了具有共同兴趣的访问者，由于有众多用户的参与，不仅具备交流的功能，实际上也成为一个营销场所。

4．论坛营销的定义

论坛营销就是企业利用论坛这种网络交流的平台，通过文字、图片和视频等方式发布企业的产品和服务信息，从而让目标客户更加深刻地了解企业的产品和服务，最终达到宣传企业品牌、加深市场认知度的网络营销活动。

微课7
论坛营销

想一想

1．请想想东莞加多宝公司抓住了什么事件启动了企业的营销活动？通过这个事件企业又制造了什么事件？

2．捐款后加多宝公司接下来在论坛上制造了一个怎样的话题呢？

知识加油站

据权威数据统计，我国至2017年约拥有1亿个BBS论坛，数量为全球第一。以百度贴吧为例，网民可以随时为某一话题设立专门的论坛，任何对此事件感兴趣的网民都可以到论坛发表言论和图片。几乎每条受网民关注的话题后面都有跟帖。网民们通过BBS与网友对最近的热门事件进行交流，通过BBS了解所关注的产品（企业）在其他网友中的口碑。BBS正成为一个全新的、重要的信息传播媒体之一。目前国内常见论坛见表6-1。

表6-1 常见论坛和其标志

论坛	标志	简要介绍
猫扑 http://www.mop.com		我国知名的中文网络社区之一，拥有注册用户1.3亿人，是集猫扑大杂烩、猫扑贴贴论坛、猫扑小说、猫扑乐加、猫扑游戏、猫扑地方站等产品为一体的综合性媒体娱乐互动平台
天涯社区 http://www.tianya.cn		全球华人具影响力的网络社区，以论坛、博客、微博为基础交流方式，综合提供个人空间、相册、音乐盒子、分类信息、站内消息、虚拟商店、来吧、问答和企业品牌家园等一系列功能服务，是以人文情感为核心的综合性虚拟社区和大型网络社交平台
网易论坛 http://news.163.com/special/00012J7L/fengyubang.html		我国领先的互联网技术公司，为用户提供免费邮箱、游戏、搜索引擎服务，开设新闻、娱乐和体育等30多个内容频道及博客、视频、论坛等互动交流，网聚人的力量
淘宝论坛 https://index.bbs.taobao.com/home.html		最具人气的淘宝店铺推广社区论坛，以淘宝网为依托，提供论坛资讯信息，力求给客户提供一个简洁舒适的快速阅读门户页面
百度贴吧 https://tieba.baidu.com		全球最大的中文社区，是一种基于关键词的主题交流社区，它与搜索引擎紧密结合，准确把握用户需求，为兴趣而生

议一议

1. 请议一议加多宝公司发起的这个话题有争议性吗？它的标题能吸引你吗？
2. 加多宝公司为什么选择在天涯论坛上发帖呢？发帖之后又是如何互动的呢？
3. 这种营销活动形式叫什么？

第二步：通过了解论坛的发展，理解论坛营销的优势。

知识加油站

论坛在中国始于1997年。1997年11月初，痴迷足球的福州人老榕带着同样痴迷足球的儿子到大连看世界杯预选赛。兴高采烈的他们最终以失望收场。几天后，他坐在计算机前义愤填膺地写下了一篇几乎让所有球迷落泪的文章《大连金州没有眼泪》，然后贴到了当时四通利方论坛（新浪前身）的体育沙龙上。这个论坛聚焦了一批体育迷，也是许多体育记者和编辑寻找新闻线索的地方，这篇帖子旋即传遍了足球界和网络界。

这次事件让大家第一次感受到论坛的巨大力量和网络传播效应的影响，传统媒体第一次关注起这个摸不着边儿、拿在手上没有分量的新媒介。1998年以后，随着网络的发展和普及，除了新浪、搜狐、网易这三大门户网站的论坛外，以天涯为代表的地方性论坛及猫扑等后起之秀逐渐兴起，甚至连搜索巨头百度也建立了百度贴吧，加入到互联网社区的行列。

在不断发展之下论坛也日渐细分，地方论坛、软件论坛、网赚论坛……其中不乏成为人们每天必上的论坛，如天涯、猫扑和华声在线等，论坛开始改变人们的生活，成为互联网缺一不可的部分。在BBS上，人与人之间的沟通更加容易。论坛推出了许多网络名人和网络事件。

由于人气大量汇聚，网络论坛不断地成熟发展，它们开辟了一个简单的互动沟通环境，尤其适合于传播和探讨公共话题。商家看中了论坛的交互性强、内容丰富和即时性，从中看到商机，利用论坛的超高人气和强大的聚众能力，在论坛上发布信息、获得各种信息、进行讨论，把论坛作为开放给客户交流的平台。

想一想

请想一想，当时痴迷足球的福州人老榕为什么选择在四通利方论坛（新浪前身）的体育沙龙上发帖呢？他看中了该论坛的哪些优势呢？

知识链接

论坛营销的优势如下：

（1）针对性强　论坛营销可以用作普通宣传活动手段使用，也可以针对特定的目标组织或特殊人群进行重点宣传活动。

（2）氛围好　互动是论坛社区最大的特点，一个好的社区，里面的交流氛围会非常深厚。例如，你是一个论坛的老用户，在里边很活跃，论坛的管理者或版主还有其他的一些老用户一看到你发帖就会很热情地去回帖,以示回应你,这样用户之间的交流与感情就会很深,如果在这种氛围深厚的社区做宣传,定能达到好的效果,而且由于论坛用户之间信任感强,信息容易被大家接受,容易激起用户的认同,在心理上引起共鸣。

(3)口碑宣传比例高 论坛最大的特点是用户产生内容,所有内容都是由用户所产生的,如果我们传递的信息与产品能够成功激起用户的讨论,就会在用户的口口相传之下产生非常好的口碑效应。

(4)投入小见效快 论坛营销发帖子与传统的发宣传单不同,发宣传单是一对一形式,而发帖子是一对多形式,无限制有人浏览、观看,更主要的是看你帖子的人是带有目的性或需求性的,和传统的发传单不同,一个是主动,一个是被动。

议一议

1. 同学们经常逛论坛或贴吧吗?论坛对你们的影响力大吗?
2. 请说说你们上论坛的目的有哪些?论坛是否达到你们的目的呢?

试一试

请思考并结合网络搜索再寻找1~2个论坛营销的成功案例。

活动二 选择与产品相关的论坛平台

活动描述

李成响和他的队员们了解了论坛营销的基本知识后,热情一下子高涨起来,纷纷想试着帮实习企业做论坛营销,但又不知道选择什么平台来做。于是,大家决定通过互联网深入探究,进一步了解论坛平台的相关知识。

活动实施

第一步:通过网络学习,了解论坛平台的分类,知晓论坛受众与营销目标的关联。

知识链接

论坛的分类如下:

(1)按专业分类 按专业分类,论坛可分为:

1)综合性论坛、社区。综合性论坛、社区包含的信息比较丰富、广泛,如百度贴吧、天涯社区、猫扑、新浪论坛、搜狐社区、凯迪社区、西祠胡同、强国论坛、凤凰论坛、新华网论坛、网易论坛和中华网论坛等，能够吸引全部的网民来到论坛，但这类论坛难于全部做到精细和面面俱到。

2）专题类论坛。此类论坛能够吸引真正志同道合的人一起来交流探讨，有利于信息的分类整合和搜集，专题性论坛对学术科研教学起到重要的作用。例如，购物类论坛、军事类论坛、情感倾诉类论坛、计算机爱好者论坛、动漫论坛等，这样的专题性论坛能够在单独的一个领域里进行板块的划分设置，把专题性直接做到最细化，取得更好的效果。

（2）按功能分类　按功能分类，论坛可分为：

1）教学型论坛。此类论坛通常如同一些教学类的博客，或者是教学网站，重心放在对一种知识的传授和学习上，通过在论坛里浏览帖子、发布帖子，能迅速地与很多人在网上进行技术性的沟通和学习，如金蝶友商网。

2）推广型论坛。推广型论坛一般都是比较冷清的论坛，它们大多是为某些企业或广告而产生的，目标是推广企业或产品。

3）地方性论坛。此类论坛的特点是区域性很强，有明显的地域限制，大家可以从论坛的名称上看出，如贵阳论坛、天府社区和杭州十九楼等。

4）交流性论坛。交流性论坛重点在于论坛会员之间的交流和互动，内容丰富多样，有供求信息、交友信息、线上线下活动信息和新闻等，是论坛未来发展的趋势。

知识链接

1．产品与论坛营销受众分析

受众是指通过大众传播媒介接收信息的人，即各类传播活动中信息的接收者，又称之为受传者。受众是自由的、主动的、各不相同的、众多的、匿名的。

在做论坛营销之前要分析你的产品面向哪类人群，这些人就是受众。要分析目标受众有什么喜好，经常上哪些论坛。分析的问题一般包括男女比例、地域特征、职业归属、消费习惯和网络行为等。

2．论坛营销平台与受众分析

论坛营销平台与受众分析是从以下几个方面进行的：

（1）分析目标受众与该平台的关系，目标受众会不会在这个平台内或在平台内的比例。例如，如果是做女性衣服类的网站，那么太平洋女性网的论坛则是最好的目标论坛。此类论坛目标人群高度集中，人气旺，而且购物意向非常明显，在此类论坛开展营销，事半功倍。再如，QQ空间是一个平台，但目标受众若是一群老人，那效果就不会太好。

（2）分析平台的特征和用户习惯。迎合不同平台的特点，才能起到事半功倍的效果，如果反其道而行之，则有可能失败。

（3）分析平台能够给予的功能支撑，平台能达到一个什么样的程度，平台是否能更好地帮助完成营销。

第二步:通过案例分析,明确论坛营销目标与平台关联的重要性。

案例6-2

当年的三鹿事件在国内引起了很大的风波,也同时让国产奶粉市场遭到了不小的打击,很多人提到奶粉品牌的选择时,都是非常担心、怀疑、迷茫,咨询奶粉、讨论奶粉的问题和帖子也非常活跃。如何让目标群体消除行业偏见,注意到品牌呢?贝因美正是看到了这一契机,在论坛上发起了"冠军宝贝奶粉"的奶粉评比活动。

在生活中大多数消费者看重奶粉的成分、品牌或者价格,而贝因美则另辟蹊径,找到了奶源这一重要的切入点,因为奶源在一定程度上关系着奶粉的安全问题。贝因美从奶源入手,不仅阐述了奶源这一标准的重要性,更普及了全球知名的奶源,同时也强调了自身品牌在这个方面的优越性。通过和搜狐、新浪等相关网站的合作,发布大量的科普和推广帖,这些帖子又被传播至相关的母婴、育儿和亲子论坛,贝因美迅速提升了品牌曝光度,在解决大众"选择奶粉时应参考哪些"这一问题的同时,也顺势推销自己。

在活动评比中,贝因美奶粉最终获得了第三名的好成绩,也是其中唯一的国产品牌,这一优异的排名很快提升了其品牌的知名度和美誉度,带来了非常好的口碑和市场效应。时至今日,贝因美奶粉论坛营销仍然在持续,如图6-2所示,贝因美的论坛营销仍然值得借鉴。

从中我们可以看出,选择好目标客户群常去的论坛,使用能吸引大家关注的话题展开论坛或者社区营销,不失为品牌推广的一个好办法。它通过制造有影响力的话题,利用网友的争论以及企业有意识的引导,把产品的特性和功能诉求详细地告知潜在的消费者,激发他们的关注和购买。

图6-2 论坛平台

想一想

1. 贝因美为什么首先选择新浪、搜狐等相关论坛开展营销活动？
2. 活动引发讨论后，为了吸引更多关注，贝因美为什么选中母婴、育儿等相关论坛进行传播？这与产品有什么关联呢？

知识加油站 》》

一、论坛营销发布平台的选择

（1）选择行业论坛，行业论坛是行业客户较为集中的地方，可以保证发布的信息能够最大量地被客户看到。

（2）选择人气适度的论坛，人气太旺，发布的帖子会被瞬间淹没；人气不足，帖子难以被收录，很难达到宣传的效果。

（3）选择有添加功能的网站，发布一个帖子可以同时做几次宣传，增加宣传的频次。

（4）选择有链接功能的论坛，可以直接将网站的链接发布上去，便于百度等搜索引擎快速、大量收录。

（5）选择有修改功能的论坛。

二、论坛营销的基本流程

1．前期准备

在开始论坛营销之前，首先要做好市场定位，即产品和服务适合哪一类人群，这部分客户在哪些论坛聚集比较集中，论坛营销的营销周期多长。

2．论坛账号注册

选择有自己潜在客户的论坛，以及有签名、链接、修改功能的论坛注册账号。注册的账号往往也称为马甲。

3．软文的策划、撰写

根据要推广的主题，撰写相关软文。软文标题要新颖，有创意。

4．论坛执行过程中营销人员的工作

论坛营销人员要积极参加回复，鼓励其他网友回复，正确引导网友回帖，不要让事件朝相反方向发展。同时在网络上全方位地曝光要推广的软文。

5．中后期营销数据统计

通过统计分析做论坛营销所带来的流量，为以后的工作总结及分析问题做准备。

6．最终效果分析及与预期对比

根据论坛营销数据统计，如帖子的浏览量、参与人数、帖子内容与论坛营销的契合度、帖子的效益、营销成果等，对照之前预计的效果，发现存在的问题及不足，并做出相应的改善。

议一议

如果贝因美后续没有在母婴、育儿等相关论坛发帖传播，而是到一些美食论坛中发帖，会产生这么高的关注度吗？

试一试

××建材公司准备做防水涂料产品的论坛营销,请对产品进行分析,帮其选择恰当的论坛营销平台。

任务评价

认知论坛营销的任务评价见表6-2。

表6-2 认知论坛营销的任务评价

序号	评价项目	自我评价			
		能准确阐述（优）	能阐述（良）	能大概阐述（合格）	不能阐述（不合格）
1	论坛营销的概念				
2	论坛营销的优势				
3	论坛营销产品与受众的分析				
4	论坛营销目标与平台的关联				

教师评价：

任务二 设计与维护帖子

任务介绍

在上个任务中，李成响团队知晓了论坛营销及其优势，知道根据企业产品选择相应论坛平台。在本次任务中，我们将通过各种渠道，了解并掌握论坛营销中帖子标题的写作方法、帖子内容的写作技巧，以及跟帖与回帖的技巧等，为即将开始的论坛营销工作做准备。

活动一 设计帖子标题与内容

活动描述

在上次的活动中，李成响团队根据企业产品选择相应论坛平台，并在论坛上注册了账号，开始制作帖子。那怎样才能制造话题写出有吸引力的标题及营销帖子呢？谢经理看出了他们的疑惑后，告诉他们撰写帖子是有一定技巧的，并带他们一起上网搜索，了解并学习帖子的撰写方法。

活动实施

第一步:通过网络搜索,找出并解析利用标题成功营销的案例。

案例6-3

标题"自带音效的零食——新疆脆枣",如图6-3所示。

图6-3 帖子标题图

自带音效的零食,提供了一个新的视角。到底是什么样的音效呢?引人好奇。

案例分析:一个好的标题可以吸引更多人进行点击,从标题上就埋下伏笔,使受众由于惊讶、猜想而去读正文。同时标题需要与正文内容相契合,这样在用户访问的同时又不失帖子的原意,并且能给人留下深刻的印象。

第二步:通过网络搜索,掌握论坛标题党的含义及标题的撰写方法。

知识链接

1. 标题党的定义

标题党是指在以互联网为代表的论坛或媒体上,制作引人注目的标题来吸引受众注意力,点击进去发现内容与标题落差很大而又合情合理,以达到增加点击量或知名度等各种目的网站编辑、记者、管理者和网民的总称。

2. 论坛标题常见的写作方法

论坛标题常见的写作方法如图6-4所示。

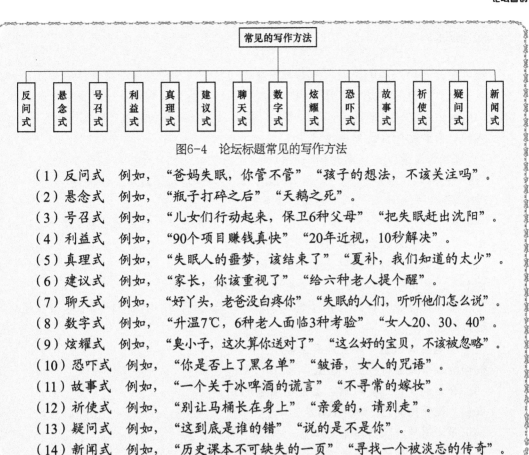

图6-4 论坛标题常见的写作方法

（1）反问式　例如，"爸妈失眠，你管不管""孩子的想法，不该关注吗"。
（2）悬念式　例如，"瓶子打碎之后""天鹅之死"。
（3）号召式　例如，"儿女们行动起来，保卫6种父母""把失眠赶出沈阳"。
（4）利益式　例如，"90个项目赚钱真快""20年近视，10秒解决"。
（5）真理式　例如，"失眠人的噩梦，该结束了""夏补，我们知道的太少"。
（6）建议式　例如，"家长，你该重视了""给六种老人提个醒"。
（7）聊天式　例如，"好丫头，老爸没白疼你""失眠的人们，听听他们怎么说"。
（8）数字式　例如，"升温7℃，6种老人面临3种考验""女人20、30、40"。
（9）炫耀式　例如，"臭小子，这次算你送对了""这么好的宝贝，不该被忽略"。
（10）恐吓式　例如，"你是否上了黑名单""皱语，女人的咒语"。
（11）故事式　例如，"一个关于冰啤酒的谎言""不寻常的嫁妆"。
（12）祈使式　例如，"别让马桶长在身上""亲爱的，请别走"。
（13）疑问式　例如，"这到底是谁的错""说的是不是你"。
（14）新闻式　例如，"历史课本不可缺失的一页""寻找一个被淡忘的传奇"。

想一想

请想一想论坛标题"一个男人光天化日下给张曼玉擦背"采用了哪种写法？它抓住了人们的什么心理？

议一议

请议一议，表6-3中的标题分别采用了哪种写作方法？

表6-3　标题分类

标题	写作方法
一份惊人的报告	
请对自己的健康负责	
儿子变了，我哭了	
1月26日，发现126位涌城美女	
妈妈，我在学校很不开心	
这些话不得不说	
夏补有理	
失眠，今天有救了	
21金维他，你家也该吃啦	
别再流浪，行吗	
没瞎说，挺管用	

知识加油站

经常逛论坛的人都会发现，一篇人气超高的帖子往往与标题有很直接的关系。如何起对标题则显得非常重要。帖子的标题起得不好直接影响到帖子的点击率，如果都不能吸引人看帖，就更别说回帖了。那么，撰写帖子标题有什么技巧呢？

我们先来看看什么是失败的标题吧！

"大家进来看看"——看什么？不知所云。

"这个问题怎么解决？"——什么问题？我怎么知道是不是我会的问题。

"我来也"——你来干嘛？关我什么事？

"心语""哈哈哈"——诸如此类，2~3个字或无意义的标题你会看么？

那么，撰写有吸引力的标题有什么技巧呢？

（1）凸显数字（数字绝对是吸引眼球的最佳选择）

例如，三年用心关心客户，小公司也能接到100万元大单。

商人都是经过努力拼搏，并对成功有着巨大渴望的，所以这个标题很容易引起共鸣，成为热文。

（2）标题要有新意（不能违背主题）

例如，新手业务白捡25000元。

（3）合理的吹牛（要有理，要能自圆自说）

例如，投资1800元，年赚100万元。

（4）吊人胃口（人都有好奇心）

例如，看了这篇文章，保证让你的业务提升一大截。

（5）提出疑问（寻求帮助及提出疑问，可以获得共鸣）

例如，元芳，你怎么看？

试一试

××建材公司准备做防水涂料产品的论坛营销，请为他们撰写一个有吸引力的帖子标题。

第三步：通过网络搜索及案例欣赏，掌握论坛帖子内容的写作技巧、发帖步骤及发帖技巧。

案例6-4

2007年在影楼当了几个月助理，觉得那样的摄影方式不是我喜欢的，辞去了工作，买了一台二手的佳能350d+50 1.8，从此，走上自学摄影之路，一走就是十年。

这十年，我没用过新器材，都是二手淘来的，除了以前拍婚礼用一些变焦广角，到现在所有拍摄也就一个用了七八年的二手适马50 1.4，我觉得挺好的。

从刚开始接触摄影，到慢慢喜欢摄影，然后到追求拍摄真实美丽、有情感的照片，那时候还不知道为什么，现在，我知道了，其实拍照片拍的就是我自己，自己的心，这就是我想活出的内心，活出的人生吧。

十年磨一剑，我的剑终于磨成了，所有的苦难都化为土壤，滋养我的生命，让我重生，开花。

知识链接 》》》

1. 帖子与发帖

在网络论坛上就某一主题或某个板块发表的个人意见或稿件称为"帖子"。

发帖是指在帖吧、论坛里发表表达自己见解和观点等的文章。

2. 帖子内容的写作技巧

（1）娱乐。娱乐内容最吸引眼球，如果能借上名人的力，效果则最好。

（2）热点。借力热点事件，效果最明显，但是缺点也很明显，通常事件的热度一过，帖子也就没人关注了。

（3）争议。争议是最能触动用户的神经，最容易吸引用户参与的内容。

（4）共鸣。相似的感受或经历也会触动用户的神经。例如，很多80后的怀旧帖子，经久不衰。

（5）感人。用户一旦被感动，是很乐于参与和分享的。例如，网络版的感动中国人物，流传甚广。

（6）不能脱离要推广的产品，论坛帖内容要与产品相结合，而且要结合自然，不留痕迹。

3. 论坛帖的发帖步骤

（1）去需要发帖的论坛注册。

（2）注册信息认证，给予发帖权限。

（3）到论坛某个板块，点击"发帖"。

（4）编写帖子内容，提交。

4. 论坛发帖技巧

（1）标题新颖　标题会给访客第一印象，要诱人，标题中不要出现公司名称，长度适中，字数控制在5~14个字。

（2）选材有趣　文章要有趣味性、感人，内容健康，能引起共鸣，回帖率高。

（3）质量第一　发帖的目的是让人观看，变相宣传自己的产品、服务或网站，达到销售的目的，故发帖要专注，主题要明确，内容要短小精悍，质量要好。

（4）内容不宜过长　帖子控制在1000字以内，文字精简，适当加入图片，在需要添加链接的地方做上链接；长帖短发，以跟帖形式发。

（5）不宜过频　每天发帖2~3篇为宜，不要超过7篇，帖子太多会造成大家随便读一篇；发帖太多，不能全部被加精。

想一想

请想一想案例6-4中这个帖子主要想宣传什么？帖子内容采用了哪些技巧？

> 试一试
>
> 1. 请在天涯论坛注册会员账号。
> 2. ××建材公司有一款急需推销的防水涂料产品,请大家在天涯社区发帖,为其做论坛推广。

活动二　跟帖与回帖

活动描述

在活动一中,李成响团队终于知道在论坛里怎样撰写标题、怎样设计论坛帖子内容。但是大家发现帖子很快就沉下去了,没人关注。谢经理告诉大家论坛最大的优势就是互动,发帖后要积极跟帖、回帖,制造人气把帖子顶起来,提高关注度。于是谢经理带着他们上网搜索,手把手教他们跟帖、回帖。

活动实施

第一步:通过网络搜索,找出并解析跟帖与回帖成功案例。

> **案例6-5**
>
> 主帖:圆通速递无偿快递国旗,支持海外华人助威奥运。
>
> 2008年4月18日,由上海青年捐赠的第一批五星红旗,由圆通速递公司免费送达澳大利亚、韩国、日本的华人组织。
>
> 随着海外北京奥运圣火传递活动的不断展开,越来越多的华人反映,在海外难买到中国国旗。天涯社区了解这一情况后,发起"捐赠国旗、助威奥运"的活动。4月15日,上海青年捐赠了2700面五星红旗,准备分发给奥运圣火所经过城市的华人。圆通速递公司得知这个消息后,立即表示支持爱国行动,愿意无偿把这些国旗快递到韩国、日本、澳大利亚和马来西亚等地。
>
> 4月15日19:00,圆通速递公司派专车到天涯社区网站包装、拉运国旗,16日一早就将国旗转运到深圳国际快递部。4月18日,澳大利亚、韩国、日本的华人组织已经接到了第一批国旗。随着各地网友的热烈响应,捐赠越来越多。为了做好快递工作,圆通速递公司与天涯社区网站制订了合作方案。4月16日下午,又有500面国旗及1000面国旗不干胶贴面运往吉隆坡、雅加达、堪培拉、长野、首尔等地。
>
> 案例分析:在这组帖子中,圆通并没有直白地阐述自己的服务优势,也没有过多地对企业特点进行描述,仅仅是对无偿送国旗的行为进行了说明,达到了非常好的营销效果。从帖子内容来看,主帖直击社会热点,迎合了网民的爱国热情,吸引了网民的目光,增强了网民对圆通速递的好感,回帖巧妙跟进,营造舆论导向,影响目标受众的选择,短短几天内,此帖点击率就突破1万人次,回帖则高达上百人,如图6-4所示。

圆通速递公司员工在包装国旗

回帖1：圆通，最可爱的快递！
回帖2：啥也不说了，回去就把快递换成圆通。

回帖3：让五星红旗插遍全世界。

图6-4　圆通回帖

第二步：通过案例分析，了解跟帖与回帖的含义，知晓跟帖与回帖的重要性。

知识链接 》》

1. 跟帖与回帖

跟帖即回复帖子，是论坛的通用语言，是指在发表的帖子后面写上自己的意见，一般来说是针对别人的帖子所进行的发表意见或看法的行为。所谓的沙发、板凳、地板和灌水等都是跟帖的表现形式。

回帖也是论坛的通用语言，一般发主帖的称为"楼主"，楼主或其他人对跟帖的回复称为回帖，楼主回帖是一种尊重。

2. 跟帖与回帖的重要性

（1）积极参加跟帖与回帖、鼓励其他网友跟帖与回帖，也可以用自己的马甲回帖，能够吸引人气。网友的参与是论坛推广的关键环节，如果策划成功，网友的参与度会大大提升。论坛活动具有强大的聚众能力，企业通常利用论坛作为平台举办各类踩楼、灌水、贴图和视频等活动，调动网友与企业之间的互动，扩大影响力。

（2）积极正确地引导网友回帖，不要让事件朝相反方向发展。如果之前采用了话题来营销，那么可能会遇到争论，虽然说可以通过争论增强互动性与曝光率，但是如果适得其反，反而会带来不好的影响。所以，应积极回帖引导网友，控制事件向有利的方向发展，从而实现论坛营销目标。

想一想　请想一想，案例中圆通速递的帖子有什么独特之处呢？它的回帖起到了怎样的作用？

知识加油站

帖子是论坛的存在形式，论坛既要有高质量的主题帖，也要有高质量的回复帖。帖子的回复情况分为四个层次。

第一个层次：游离帖。你问我早饭吃了没有，我回复说太阳是红色的；你问我今天天气如何，我回复饭不好。这叫游离于主题帖子之外，这种情况是最低的层次。

第二个层次：可有可无帖。这种帖子，回复的时候大多使用顶、支持、好帖子、不错、说得好、同意等。这些回复都是可有可无的。

第三个层次：参与性讨论。你问我早饭吃了没有，我回复吃了；你问我今天天气如何，我说今天阴天，估计会有雷阵雨，而且明天也会是阴天。

第四个层次：激发他人讨论。你问我早饭吃了没有，我回复吃了，并且说不吃饭增加胃癌的概率，你怎么看；你问我今天天气如何，我说今天阴天，估计会有雷阵雨，而且明天也会是阴天，你这两天有远足的打算吗。

我们在顶帖的时候，要采用第三个和第四个层次的回复。

第三步：通过网络搜索学习，掌握论坛营销跟帖、回帖的技巧。

知识链接

做论坛营销，不一定每天都有优质的内容可发布，这个时候可以把精力多放在跟帖上。跟帖时并不是必须回复与自己产品有关的帖子，而是积极地回复每一篇好帖子，抢沙发！所谓的"抢沙发"，就是要做帖子的第一个回复者，这样可以大大增加你的曝光率，会让更多的网友记住你。跟帖与回帖技巧包括：

（1）选择有可读性的帖子跟帖　要利用论坛做质量外链，不要见帖子就跟，如一些标题与内容不相符合的帖子就不要跟帖了，其带来的外链只能算是垃圾外链。帖子本身的内容就有可读性，当帖子被收录后也不会那么容易被删除，这样的帖子存活时间越长，那么与之相随的外链也一样存活越长了。

（2）跟帖的内容尽量保持质量　帖子本身具有可读性，但是很多跟帖的内容都是谢谢分享、学习了、谢谢楼主之类的话，这样的内容根本就毫无质量可言，那么帖子带来的外链质量也是相当差劲的。

（3）跟帖的内容具有相关性　论坛管理判断你是否灌水的准则是回复的内容与帖子内容的相关性。如果大量回复不相关的帖子内容时，封号之神也会青睐你的。要确保回复的内容与帖子内容本身具有相关性，为了质量外链不要马虎回个帖就了事，也为了自己的账号不被封掉。

（4）跟帖时添加签名档　论坛的签名档就是一个免费的广告位，可以在上面加文字广告、加企业网址链接，甚至是做好一张广告图加上去。随着帖子数量及浏览量的不断增加，签名档广告的曝光率也不断上升，网友对企业的认知度也会逐渐增强，可能还会有不少人通过签名档中的链接点击进入企业的网站。

（5）回帖要勤奋、礼貌　自己发的帖子，一定要经常回帖，也可以换马甲回帖。回帖一定要认真对待，对人它是尊重与礼貌，对己它是自尊与收获。

议一议

请议一议，圆通速递案例中的回帖属于哪个层次？

试一试

请根据下面几个回帖形式，自己动手写写回帖，并将其填在表6-4中。

表6-4　回帖内容填写表

形　　式	回帖内容1	回帖内容2
总结他人所说的话，真心赞美	"看到楼主的照片，好漂亮！可惜脸上的雀斑有点多，推荐你去试试××的祛斑霜，这里就有的。http://……"	
针对别人的观点进行提问	"说的没错，不诚信的商人只会把路越走越窄，最终走进死胡同。但我认为……有想法的可以跟我探讨，ID：××××"	
对别人帖子中提到的事情补充说明	二楼说的挺好的，但你提到的"直播课堂"可能有些朋友不知道，我跟大家解释下……	
述说和别人类似的经历引起共鸣	非常赞同！我也曾经遇见这样的事，好不容易接了个单子，却因为生产能力不够黄了，……	

任务评价

设计与维护帖子的任务评价见表6-5。

表6-5　设计与维护帖子

序　号	评价项目	自　我　评　价			
		能准确阐述（优）	能阐述（良）	能大概阐述（合格）	不能阐述（不合格）
1	论坛帖子标题的撰写方法				
2	论坛帖子正文的撰写方法				
3	论坛发帖与回帖的技巧				

教师评价：

项目总结

本项目的主要内容包括认知论坛营销和设计与维护帖子两个学习任务。

认知论坛营销主要通过案例解析和选择与产品相关的论坛平台两个活动，让同学们掌握论坛及论坛营销的概念及基本知识；设计与维护帖子主要通过设计帖子标题与内容及跟帖与回帖两个活动，让同学们掌握论坛帖子标题常见的写法、论坛帖子正文的撰写及发帖、跟帖、回帖的技巧。

要做好论坛营销，文案策划是成功的基础，发布平台的选择是成功的必备条件，积极地跟帖与回帖能达到事半功倍的效果。

项目练习

一、不定项选择题

1. 论坛的优势有（　　　）。
   A. 针对性强　　　　　　　　　　B. 氛围好
   C. 口碑宣传比例高　　　　　　　D. 投入小，见效快
2. 论坛按专业性可分为（　　　）。

A. 教学类论坛　　　　　　　　　B. 综合类论坛
   C. 交流类论坛　　　　　　　　　D. 专题类论坛
3. 常见的论坛有（　　　）。
   A. 天涯社区　　　B. 猫扑　　　C. 淘宝论坛　　　D. 百度贴吧
4. 论坛帖发帖包括（　　　）等步骤。
   A. 论坛注册　　　　　　　　　　B. 信息认证
   C. 到某板块"发帖"　　　　　　 D. 编写帖子内容"提交"
5. 论坛标题的撰写技巧有（　　　）。
   A. 凸显数字　　　　　　　　　　B. 新意、吊人胃口
   C. 合理的吹牛　　　　　　　　　D. 提出疑问

二、判断题

1. 论坛又名BBS（电子公告板），是互联网上的一种电子信息服务系统。访问者可发布信息或提出看法，交互性强，内容丰富。（　　　）
2. 论坛营销发帖越多越好。（　　　）
3. 受众是指通过大众传播媒介接收信息的人，即各类传播活动中信息的接收者。（　　　）
4. 利用论坛的超高人气，可以有效地为企业提供营销传播服务。（　　　）
5. 标题新颖是论坛营销能否成功的最关键一步。（　　　）

三、简答题

1. 什么是论坛营销？它有何优势？
2. 如何选择论坛营销发布平台？
3. 简述跟帖与回帖的技巧。

项目七 QQ营销

项目简介

QQ是我国目前使用人数最多的即时通信软件,其服务提供商腾讯为我国最大的互联网通信应用软件服务商,腾讯QQ同时在线用户达到2.66亿人。由于腾讯的广告非常昂贵,对中小企业来说是个天文的数字,于是免费的QQ就成了众多企业开展网络营销的利器。本项目通过对QQ营销案例进行解析,让大家了解QQ营销的概念和优势,能结合产品定位和主要内容寻找QQ目标群,并能设计有吸引力的群信息,掌握QQ营销的技巧和方法。

项目目标

- 了解QQ营销的概念及优势。
- 知道寻找QQ目标群的方法。
- 知道加群的操作。
- 知道QQ群推广方法。
- 能设计有吸引力的群信息。

任务一 认知QQ营销

任务介绍

腾讯QQ拥有着网络上最为庞大的用户群体(国内),可以说只要是会上网的人想必都有一个QQ号。既然QQ用户最多,那么它必然成为企业的营销工具之一。在本次任务中,我们将与QQ亲密接触,通过学习优秀的QQ营销案例,来了解QQ营销的概念和优势,知道寻找QQ目标群的方法,并能结合产品定位和主要内容寻找QQ目标群。

活动一 QQ营销案例解析

活动描述

谢经理让李成响和队员们登录自己的QQ,并相互加为QQ好友。谢经理看到同学们平时只把QQ作为聊天工具使用，没有充分认识到QQ的营销价值和作用，于是谢经理在网络上搜集了QQ营销案例分享给大家。

活动实施

第一步：解析QQ营销成功案例，了解QQ营销的概念。

案例7-1

看牛人如何用QQ营销实现月赚八九万元

有点夸张地说，上到九十九，下到刚会走，几乎每个人都有QQ，甚至有的人拥有几个QQ，你是否想到利用QQ开展网络营销呢？我们来看看牛人们是如何用QQ这个免费的聊天工具来月赚八九万元的吧！

1．完善QQ资料

把QQ里面的资料全部更新为真实有效的资料，这样会给人以信任感和真实感，同时可以让客户随时能够联系上你。QQ签名上可以写上产品承诺和服务理念，公司有最新动态和活动时可以为最新动态和活动内容，这样就可以让客户随时知道相关信息。得意生活网客服的QQ资料如图7-1所示。

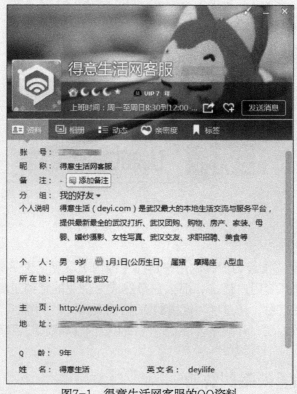

图7-1　得意生活网客服的QQ资料

2．添加好友维护关系

通过把现有客户的QQ加为好友，在QQ上面随时维护现有客户关系，使其得到最为贴心的服务。维护好了客户关系，客户给我们带来的利益是不可估量的，"当你失去一个客户的时候其实等于失去了一百个客户",这句话说明了客户关系维护的重要性,反之"当你维护好一个客户的时候其实等于得到了一百个客户"。例如,客户的生日快到了,给客户送上一句生日祝福,给客户发一则生日当月的专属优惠活动信息,都会牢牢抓住老客户的心,如图7-2所示。

图7-2 维护老客户

3. 建立QQ群

建立QQ群,把一些忠实客户拉入群,这样可以使单独的交谈变为群体性交流,使产品知名度上升。注意:要保证群内QQ用户都是忠实用户,在这个群里面可以安排几个马甲进行正面的宣传,但千万不要让客户发现马甲,不然造成的后果会很严重。特步建立的老客户群如图7-3所示。

图7-3 特步老客户群

4. 维护好QQ空间

这个有点像博客营销,写些产品介绍软文、网络买卖经验、产品如何选购和买家如何防骗等文章,同时附上网店地址,在给QQ好友提供实用信息的同时做广告,通过摆事实、讲道理的方式让其慢慢进入你的"思维圈"。特步客服的QQ空间如图7-4所示。

图7-4 特步客服的QQ空间

5. 制作QQ表情

可简单做几个搞笑的、有意思的、值得收藏和传播的QQ表情,在这些QQ表情中适量添加宣传语或公司网址,这样可以在边聊天和边娱乐时做广告,如图7-5所示。

图7-5 含广告的QQ表情

> **想一想**
>
> 请想一想案例中用到了QQ的哪些功能?

知识链接 》》

QQ营销是指网络营销人员通过QQ即时聊天工具,实现及时的面对面交流,及时地反馈和回答问题,从而促进销售的一种营销手段。QQ营销形式主要包括QQ图片、QQ空间、QQ视频、QQ文件传输和QQ群营销五种类型。

议一议

1. 请议一议，你们经常用到QQ的哪些功能呢？这些功能可帮助你们做什么呢？
2. 你的QQ好友中有用QQ来做营销的吗？你喜欢这种方法吗？为什么？

试一试

请你把任课教师当作老客户，在教师节前编写一条维护老客户的QQ消息发给他们。

知识加油站 》》 QQ的设置技巧

1. 设置头像
（1）用真实的个人照片，容易让人产生信任感。
（2）用企业标志或产品标志，加深用户品牌印象，传递营销信息。
（3）切记不要使用让人产生反感的头像。

2. 设置昵称
（1）使用真实姓名，容易让人产生信任感。
（2）用主营产品或主营业务作为QQ名称。
（3）如果实在要用网名，可以起一个像真名的网名。

3. 设置个人资料
（1）资料越丰富、越真实越好，能够增加客户的信任感。
（2）不要有幼稚元素。

试一试

请对自己的QQ和空间资料进行设置和完善。

第二步：了解QQ营销的特点，通过QQ营销与传统营销的分析比较，知晓QQ营销的优势。

知识链接 》》

QQ营销的特点如下：

（1）精准，有针对性　我们在添加QQ群时，都会搜索特定的关键字，那么群成员就是我们的目标客户。
（2）简单、易于操作　QQ的操作都是很简单的，不需要我们去学习什么技术。
（3）低成本　QQ不像百度竞价那么烧钱，基本上就是一个人工费，不需要投入太多。
（4）适用范围广　任何产品和服务都可以通过QQ进行销售。
（5）即时效果　因为QQ总是有一批用户时时在线，营销广告像聊天信息一样发布出来后，用户可以立即看到，所以在QQ营销的过程中，信息的即时效果是非常明显的。
（6）互动性强　QQ营销因为依赖于群，所以当信息发布后，可以立即与用户互动,收集用户对产品的建议,或者一步步引导用户了解产品。

(7)效果可追踪　QQ营销中可以附带网页链接,如果在链接中以登录页中加入用户行为跟踪程序,就可以精确计算出用户互动的最终效果。

(8)精确定位　物以类聚,人以群分,QQ营销是典型的按用户习性特点自然分群的营销方式,所以QQ营销可以用以精确定位。在选择QQ群的时候可以根据客户的特点加群。

(9)形式多样　QQ营销可与链接结合,利用网页进行二次营销,另外QQ营销还包括QQ群内的邮件营销、QQ空间内论坛营销,它们营销的模式既可以是文字,也可以是图片。形式多可用来做整合营销,进行组合式宣传。

> **议一议**
>
> 请结合知识链接的学习,对下面几张图进行分析,并完成连线,如图7-6~图7-8所示。

图7-6　QQ工作效率比较

图7-7　QQ人脉比较

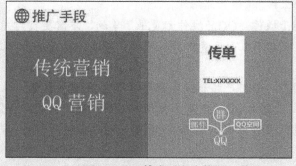

图7-8　QQ推广手段比较

试一试

请在议一议的基础上结合网络搜索，归纳QQ营销的优势，完成表7-1的填写。

表7-1　QQ营销优势归纳表

优势项目	简要说明
营销成本	
营销目标	
营销效率	
营销形式	
营销效果	
反馈速度	

活动二　寻找与产品相关的QQ目标群

活动描述

QQ群一般都是聚集着有某种共同爱好或目的的小圈子。很多QQ群看似人很多、很热闹，但是实则变现的难度很大，所以要想QQ群营销效果好，学会找到高质量的QQ群则是一件非常重要的事情。实习公司接到了一个对药剂师考试书籍的推广项目，谢经理教大家用不"寻常"的方法，找到与企业营销产品相关的高质量的QQ目标群，并加入进去。

活动实施

第一步：通过QQ自带的查找功能找群。

（1）登录QQ，单击QQ面板下方的"查找"按钮，如图7-9所示。

（2）在弹出的查找页面中选择"找群"选项，在文本框中输入关键词"药剂师"，单击后面的"查找"按钮，在出现的相关群中选择合适的目标群，如图7-10所示。

图7-9　单击"查找"按钮

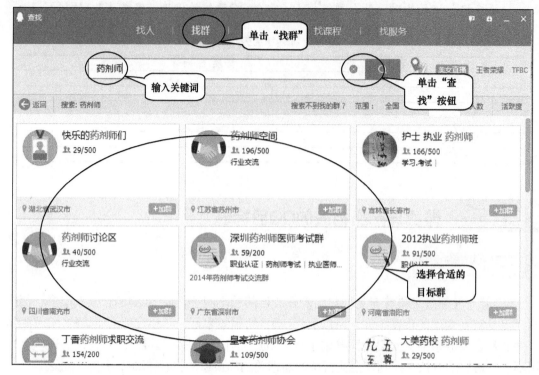

图7-10 找群面板

> **知识加油站**
>
> 选群技巧：
> 1）选择与查找目标相关度高的群。
> 2）人数多。
> 3）活跃度高。
> 4）避开同行所在。

第二步：查找高质量的QQ目标群。

通过QQ自带的查找功能找群有一个弊端，就是对于QQ群的质量无法有一个更精准的把握。对于药剂师考试书籍的推广，可以在考试类网站中找到与其相关的QQ目标群。这些网站往往都会公布不同考试种类的QQ群。在各自考试科目中有非常多的QQ群，这些群一是管理相对更加严格，二是流量更加精准、目的更明确，所以质量相对来说更高。

（1）打开一个考试网站，如图7-11所示。

（2）在首页顶部选择医学类别，在弹出的页面中选择"执业药师"，如图7-12所示。

（3）在弹出的页面中会显示执业药师QQ群及群号，如图7-13所示。

（4）单击QQ群号会弹出列表，如图7-14所示。这个列表就是该官方网站中该类科目所有的QQ群。

大家也许看到这些QQ群都满员了，其实不然。因为有的加入了QQ群后，考上后就会退出该QQ群，流量不断地更新换代，所以其实大部分的QQ群并没有满员，都可以加入。

（5）在QQ找群栏目中输入群号，如果没满就可以加入目标群了，如图7-15所示。

图7-11　考试网站首页

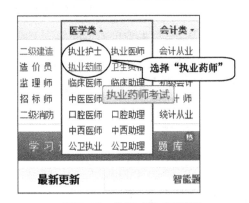

图7-12　选择"执业药师"

图7-13　执业药师QQ群及群号

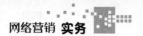

考试吧：执业药师考试QQ交流群

应广大考生朋友的要求，给大家提供一个更加便捷的交流方式，考试吧网站开通了执业药师考试交流群。群号码如下：

温馨提示： 大家进群之后按照群要求统一命名，地区+专业名称+昵称（例如：北京-西药-张三）（专业名称限制2个字）。

执业药师交流群47: 369513000 (请加此群) 加入QQ群	
执业药师交流群45: 283083284（已满员）	执业药师交流群46: 465534696（已满员）
执业药师交流群43: 256176064（已满员）	执业药师交流群44: 431144646（已满员）
执业药师交流群41: 318160781（已满员）	执业药师交流群42: 223905838（已满员）
执业药师交流群39: 119086520（已满员）	执业药师交流群40: 131750204（已满员）
执业药师交流群38: 149394417（已满员）	执业药师交流群37: 427348428（已满员）
执业药师交流群36: 387058970（已满员）	执业药师交流群35: 290641893（已满员）
执业药师交流群34: 365967096（已满员）	执业药师交流群33: 366883249（已满员）
执业药师交流群32: 150701853（已满员）	执业药师交流群31: 132747492（已满员）

图7-14　执业药师QQ群

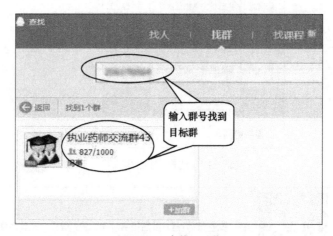

图7-15　查找QQ群

想一想 请想一想，在考试网站上找到的QQ目标群为什么质量更高呢？

议一议 请议一议，还有哪些方法可以找到高质量的QQ目标群呢？

试一试

请用不同的方法寻找与药剂师考试书籍相关的QQ目标群（至少三个群），并完成表7-2。

表7-2 寻找与药剂师考试书籍相关的QQ目标群

你的QQ号	你的QQ昵称	你找到的QQ群号和名称	你找群的方法	QQ群截图

任务评价

认知QQ营销的任务评价见表7-3。

表7-3 认知QQ营销的任务评价

序号	评价项目	自我评价			
		能准确阐述（优）	能阐述（良）	能大概阐述（合格）	不能阐述（不合格）
1	QQ营销概念				
2	QQ营销优势				
3	寻找QQ目标群的方法				
教师评价：					

任务二 QQ群推广

任务介绍

QQ群是一个神奇的地方，的确能够带来不少用户。QQ群推广流程：第一步添加QQ群，第二步群内发布广告，第三步等着被踢，如果有第四步再次发布广告的机会，说明你做的推广隐蔽性很好。本次任务就是要加入到目标群中，完成QQ群的有效推广。

活动一 申请加入QQ目标群

活动描述

现在很多人做QQ群推广是每天加群，然后就丢放广告，这并不可取。谢经理要求李成响团队尽可能多地加入到"药剂师"相关的QQ目标群，谢经理也教了他们一些加群的技巧，以提高加群的效率。

活动实施

第一步：查找QQ目标群并加群。

找准目标用户所在QQ群，注意QQ群添加频率，用于推广的QQ号的等级及添加QQ群时的术语也很重要。如图7-16所示，在搜索栏中输入关键词"药剂师"。

图7-16　搜索QQ目标群

第二步：单击群头像，查看群资料，如图7-17所示。

如图7-17　查看群资料

> **想一想**
> 请想一想查看群资料有哪些作用？对我们加群有哪些帮助？

第三步：单击"加群"，在文本框中输入加群申请，等待群主通过，如图7-18所示。

图7-18 输入加群申请

知识加油站

1. 加群效率低的原因

有的人在找到目标用户所在的QQ群之后，会一直单击添加QQ群，发现添加了50个群之后通过的才有5个，这是为何呢？

原因一，当QQ系统发现一个号在同一时间段内高频率地添加QQ群时，会在不告知用户的情况下，取消该号的添加群权利（就是说你按添加了，但群主压根就没收到添加请求）。这也是为何做QQ群推广急不得，建议一个QQ号一天只产生10次群添加申请，注意这10次别太集中。

原因二，现在QQ群推广被滥用，QQ群主对于一般低等级的QQ号或信息明显是假的QQ都会选择拒绝添加，这里的技巧是到淘宝购买高等级的QQ号。可能为了加入非常有价值的QQ群，还需要你去购买QQ黄钻来提高身份。

原因三，添加申请话术对群主没有吸引力。例如，一般的添加话术多是"求加入"，基本都被群主拒绝了，但是添加手机这类卖家主导的QQ群时，可以写"想购买****，请求加入"，添加QQ群效果能够大大提升。建议提前了解QQ群的公告说明，也许其中就有加群申明。

2. 加群技巧

（1）加群前要认真填好资料。
（2）和群主打好关系，免被踢。
（3）不同号加不同群。
（4）被踢了换号再加。
（5）满人群天天加，并说好友介绍。
（6）天天加群。

想一想

请想一想在申请加入QQ目标群时，怎样才能更快地获得群主的通过呢？

活动二　设计并发布与群主题相关的信息

活动描述

谢经理告诉大家，加群之后直接发布广告是QQ推广菜鸟的做法，高明的QQ群推广，能够根据不同类型的QQ群，巧妙地设计与群主题相关的信息，以达到营销的效果。谢经理要求李成响团队学习QQ群推广方法，为客户设计并发布推广信息。

活动实施

方法一：设计并发布与群主题相关的广告。

在群聊天中巧妙地植入广告。发广告时，最好配合赠品策略或促销策略。

> **知识加油站**
>
> 现在在群内发硬性广告的效果越来越差，软性广告的植入是提升效果的良药。其实平时群成员聊天的时候就是推广的绝佳时机。我们可以在聊天时，多多融入要推广的内容，这样大家不但不会反感，反而会自然而然地接收你的信息。
>
> 例如，我们加的是女性相关的群，目的是推广减肥产品。当群里探讨有关减肥的话题时，马上加入讨论，交流的内容以分享为主。多和大家分享各种减肥的经验、心得，免费帮大家制订减肥计划。在这个过程中，悄悄地把产品推广的信息植入进去，记得分享促销信息，还可晒一晒自己得到的赠品，如图7-19所示。

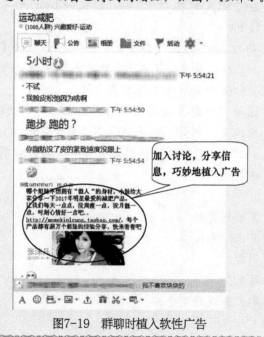

图7-19　群聊时植入软性广告

方法二：用多个QQ号加群，用小号引话题，大号推产品，引导用户。

引导用户很重要，用小号引出话题或提出问题，大号免费帮助群成员解决问题，与群成员积极互动，分享有价值的资源，带动交流的气氛，适时推出产品，一步步引导群成员了解产品。

> **知识加油站**
>
> 1．QQ大号与小号
> 大号就是自己经常用的、级别高的，如至少一个太阳以上，甚至两个太阳以上的，常用于加好友的号。
> 小号就是不经常用的、级别低的，常用来做一些其他事的QQ号。
> 2．QQ群大号与小号的妙用
> 小号提问：烦死了，实习简历还没搞定，请问谁有简历模板分享？
> 大号回答：我刚做好，不过是从乔布简历那学到的……有需要可以分享给你。"
> 小号：谢谢你。我看了，这个真的很实用，太感谢了。

方法三：结合热点话题和搞笑语言吸引眼球，巧妙推出产品。

多发一些与产品相关的幽默图片或笑话，然后根据图片的内容配上搞笑的文字，在图片上打上产品的名称、标志或网址，在轻松娱乐的氛围中达到宣传产品和企业的目的。

> **知识加油站**
>
> "RIO"鸡尾酒的主要制作配料有：果汁、白兰地、朗姆酒等。该酒采用鲜榨冷冻技术提纯果汁，满足成年消费者需求。饮品度数在3度左右，让消费者不用担心喝醉的同时，也可以体会到恰到好处的微醺感。
> RIO鸡尾酒成功地策划了一次QQ营销，这次营销取材于国有品牌六神花露水，图片中展示了经典怀旧与时尚潮流的融合，一股大自然的清新味道扑面而来。乍一看是花露水，仔细一看竟然是鸡尾酒，让大家在开心欢笑中记住了产品，在网友的转发中宣传了企业，如图7-20所示。

图7-20　RIO鸡尾酒QQ营销

试一试　请任选三种方法中的一种，为药剂师考试书籍推广项目设计QQ群信息，使其达到营销效果。

任务评价

QQ群推广的任务评价见表7-4。

表7-4　QQ群推广的任务评价

序　号	评 价 项 目	自 我 评 价			
		能快速做到（优）	能做到（良）	能大概做到（合格）	不能做到（不合格）
1	加入QQ目标群				
2	QQ群推广				
3	设计有吸引力的群信息				

教师评价：

项目总结

本项目的主要内容包括认知QQ营销和QQ群推广两个学习任务。

认知QQ营销主要通过对QQ营销案例解析和寻找与产品相关的QQ目标群，让同学们了解QQ营销的概念，知道QQ营销的优势，形成对QQ营销的基本认知，知晓QQ目标群与产品的关联，掌握寻找高质量QQ目标群的方法。

QQ群推广任务主要帮助同学们知晓高效加群的技巧和QQ群推广方法，能够设计并发布与群主题相关的信息，从而提高QQ营销的转化率。

项目练习

一、不定项选择题

1. QQ软件是（　　　　）公司开发的软件。
   A. 腾讯　　　　　　B. 阿里巴巴　　　　C. 淘宝　　　　　　D. 百度
2. QQ营销的加群技巧有（　　　　）。
   A. 加群要认真填好资料　　　　　　B. 不同号加相同群
   C. 满人群天天加，并说好友介绍　　D. 被踢了换号再加
3. QQ群营销中的软文策略有（　　　　）。
   A. 诱惑标题式：参照当前流行的标题党的做法，设置极具诱惑力的标题
   B. 一定要保证文章的质量，只有高质量的东西才是永远的王道
   C. 发一些渗透有品牌的小笑话或小故事的软文
   D. 配合软文在里面发一些QQ表情等
4. 做QQ营销时，选择QQ群应考虑（　　　　）。
   A. 选择与查找目标相关度高的群　　B. 选择人数少的群
   C. 选择活跃度高的群　　　　　　　D. 避开同行所在的群
5. QQ营销形式主要包括（　　　　）等类型。
   A. QQ图片　　　　　　　　　　　B. QQ空间、QQ视频
   C. QQ文件传输　　　　　　　　　D. QQ群营销
6. QQ营销与传统营销相比在（　　　　）方面有着明显的优势。
   A. QQ营销可以将多个平台整合在一起，从而节约企业的营销费用

B. QQ营销无地域限制，不论客户在哪里，QQ营销都可以胜任
C. QQ营销的互动性强，获得的数据信息更真实可靠
D. QQ营销可以更方便顾客，顾客在售前、售中和售后的服务均可足不出户，企业为顾客提供7×24小时的服务

7. QQ营销的特点有（　　　　）。
   A. 精准，有针对性　　　　　　B. 简单，易于操作
   C. 低成本　　　　　　　　　　D. 适用范围广
   E. 即时效果

二、简答题
1. 如何做好QQ的头像设置？
2. 如何做好QQ的昵称设置？
3. 如何做好QQ的个人资料设置？
4. 找到QQ目标群的方法有哪些？
5. 如何提高QQ加群的效率？

项目八 微博营销

项目简介

自从接触微博,我们总是会贡献许多睡觉的时间。躺在床上就想刷一刷今日微博上的各种话题,总也刷不完,总也看不尽。微博为何这样让人着迷?通过微博营销又会有什么样的效果?本项目中,我们将了解微博营销的概念及其优势,分析微博营销的目标和受众,根据推广目标选择合适的微博平台,撰写并发布营销型微博,灵活运用转发和评论等常见的微博互动形式。

项目目标

- 了解微博营销的概念及其优势。
- 知晓微博平台受众。
- 知道微博平台受众与营销目标的关联。
- 能选择合适的微博营销平台。
- 掌握原创微博的撰写技巧。
- 能够撰写并发布营销型微博。

任务一 认知微博营销

任务介绍

目前微博平台已经成为企业开展营销活动必选的渠道之一,企业利用自己的微博向粉丝传播企业或产品信息,树立良好的企业形象。在本次任务中,我们将与微博营销来个亲密接触。通过搜集近几年成功的微博营销案例了解微博营销的概念,分析微博营销的优势。通过对各大常见微博平台的比较,了解微博营销的目标与受众,知道微博营销目标与微博平台的关联。

活动一 微博营销案例解析

活动描述

工贸家电国庆节期间有大型的产品促销活动,该企业委托谢经理所在公司为其做微博推广，谢经理要求李成响团队参与此次项目。可同学们犯难了，虽然平时也刷微博，但是对微博营销却一知半解。谢经理知道大家的顾虑后，决定从案例学习入手，帮助大家深入地了解微博营销的知识。

活动实施

通过案例解析，了解微博营销的概念，知晓微博营销的优势。

案例8-1

作为曾经手机业龙头老大的诺基亚虽逐渐日暮西山，但是诺基亚N8的新品发布会却是一个经典的营销案例。2010年8月25日，诺基亚联合新浪微博、人人网、开心网和优酷网等社交网络将诺基亚N8采用全新微博直播的方式在线上发布。

2010年7月，当新浪微博提出开放平台之后，诺基亚就迅速搭载这个平台在新浪微博首页推出诺基亚N8微博发布会，进行在线直播，并通过诺基亚官方微博，让梁玉媚女士（诺基亚市场运营全球高级副总裁）与《新周刊》及《三联生活周刊》进行了首个微博专访互动，并实时回答了来自微博网友的问题。7位明星也在发布会上悉数登场，通过自己的新浪微博担纲受邀嘉宾，围绕诺基亚N8与网友密切互动。

这次发布采用直播形式实时发布产品，网友可以更为直观地了解产品。同时对梁玉媚女士进行微博专访，7位明星担任嘉宾进行实时互动，增加了网友的热情和参与度。

案例分析：诺基亚采用微博进行新产品的发布，这种有别于传统邀请的模式，对于媒体、商家等参与者来说感觉很新鲜。再者，采用微博推广能够提高网友的参与度，不仅是媒体，只要是看得到推广的网友都可以点击收看直播、参与转发和评论。此外，还运用了名人效应，实时回答网友提问，不仅真实权威，还大大提高了网友的热情和互动。

知识链接

1. **微博的含义**

微博是一个基于用户关系的信息分享、传播及获取的平台，用户可以通过Web、WAP及各种客户端发布信息，并实现即时分享。

2. **微博营销的概念**

微博营销就是借助微博进行一系列的营销活动，包括活动策划、产品宣传、品牌推广和个人形象包装等。该营销方式注重信息的实时性、内容的互动性、定位的准确性和布局的系统性。

微课8
微博营销

> **议一议**
> 请议一议，为什么诺基亚的新品发布会选择新浪微博平台呢？新品发布会采用了什么形式与网友进行互动呢？

微博营销的优势如下：

（1）门槛低、成本低　以往企业登播广告需要经过繁复的审批，而微博允许企业、个人在平台上发布广告。这种开放式和低门槛吸引了大批用户，激发了用户的参与热情。用户投放广告是自助式的，打破了传统的广告投放方式，投入资金少，投放审批时间短。

（2）操作简单、传播速度快　微博写作门槛低，无论是谁只要有微博账号就拥有了话语权，只需简单编辑便可以在微博上一键发布营销信息。

（3）实时沟通、互动性强　微博最大的优势就是互动，政府可以回复群众，明星可以和粉丝互动。微博营销通过手机等设备进行阅读和发布，随时随地都可以与用户及时沟通，又可以及时获得用户反馈。

（4）形式多样、立体化表现　微博营销借助多媒体技术手段，不仅图文并茂，还使用视频、声效等展现形式来进行企业营销活动。

知识加油站

化妆品零售连锁品牌娇兰佳人，2013年8月初在新浪官方微博上通过"植物日记"账号发起以"绿色转起来"为话题的公益活动，鼓励网民秀出自己保护环境、关爱大自然的行为，为品牌推广活动进行预热，如图8-1所示。

图8-1　娇兰佳人品牌推广预热微博

2013年9月中旬，娇兰佳人发起以"植物日记微拍大赛"为话题的互动有奖活动，使品牌推广活动持续升温，让粉丝们更有激情、更有兴趣来参与并带动好友转发拿大奖，如图8-2所示。

图8-2　娇兰佳人品牌推广活动微博

2013年11月初，娇兰佳人再次发起有连载性的以"我为绿色投一票"为话题的活动，使参与过"绿色转起来""植物日记微拍大赛"两个活动的粉丝更有品牌黏性，如图8-3所示。

娇兰佳人的这次品牌推广活动，不仅迅速提升了官方微博的人气及阅读量，更聚拢了大批品牌的忠诚粉丝近13万个，有奖互动环节送出的礼品，也让消费者对娇兰佳人旗下植物日记系列产品的成分和功用有了系统的了解，更大程度上提高了粉丝忠诚度和参与度，提升了植物日记品牌的知名度和美誉度，树立了企业的品牌形象。

图8-3　娇兰佳人品牌推广持续活动微博

案例分析：

1. 娇兰佳人在微博平台上与网友进行了很好的互动，赢得了大批粉丝频繁转发。请议一议该案例体现了微博营销的哪些优势？

2. 娇兰佳人分别在8月、9月和11月发起不同的主题活动，晒出粉丝参与的微拍作品、投票并有奖转发。

议一议　请议一议娇兰佳人为什么要在三个时间段发起不同的主题活动？若只发起一个活动就结束，效果会好吗？

活动二　选择合适的微博平台

活动描述

李成响团队了解了微博营销的概念，对微博营销的优势也有了深入了解。但是团队成员提出了这样一个问题：现在微博营销的平台这么多，给工贸家电做微博营销该选择哪个平台呢？谢经理让李成响团队先了解微博营销的目标与受众，理解微博营销目标与微博平台的关联。

活动实施

第一步:了解微博平台的差异,知晓各大微博平台的主要受众。

李成响团队经过讨论,认为在微博上进行营销不能盲目,一定先要知道谁在使用微博,各平台之间有什么不同。于是他们通过网络搜索,了解微博平台的差异,知晓各微博平台受众。

知识加油站

自我国第一家中文微博网站——饭否网创立以来,我国掀起了微博潮。2010年是微博井喷时期,逐渐形成了新浪、腾讯、网易、搜狐四大门户微博网站。新浪微博和腾讯微博是较为热门的平台。在微博上进行营销,首先要做的就是选择合适的微博平台。每个微博平台有各自的特色,要选对平台就需要对各个微博平台有深入的了解。

表8-1 两大微博平台对比分析

比较项		新浪微博(2017年数据)	腾讯微博(2016年数据)
关注度		59.79%	52.89%
用户量			
日均活跃用户			
用户群分析	年龄	用户呈年轻化,19~30岁是主要使用人群,占76%,31岁以上的用户占15%	用户呈低龄、年轻化,大多集中于20~29岁,24岁以下占40%
	性别	男性占比高,占58%	男性占比高,占57%
	文化程度	受教育程度高,本科占42%,大专占25%,高中占24%,初中占8%	初中生、高中生、大学生占比高
	主要职业分布	白领占22%,自由职业者占15%,蓝领占10%	主要集中在中学生、大学生群体
地域分布		经济发达地区,沿海省市占比大	地域分布广,更多地分布在二、三线城市
关注话题		新闻媒体、娱乐八卦、生活兴趣、务实信息	游戏、娱乐信息,去政治化
功能			

试一试 请通过网络搜索,查询新浪和腾讯微博平台的用户量、日均活跃数值及功能,并填入表8-1相应的单元格中。要求查询的数据是实时最新数据。

知识链接

微博营销的受众实则就是微博的用户。微博用户既是信息接收者,也是传播者。微博营销受众可分为四大类:

(1)个人用户 个人用户数量最多,既是微博营销的受众,也是其营销的助手。个人用户包括明星等知名人士、意见领袖、普通人。

(2)企业用户 企业用户是微博营销的主体,其目的一目了然,身份也容易识别。

(3)社会组织 社会组织包括媒体、公共服务机构(医院、学校、公益性组织)。

(4)政务机构 政务机构包括政府机构、官员、普通公职人员,具有个人特色、职能特色和地域特色。

议一议

请议一议，新浪微博和腾讯微博的主要受众有哪些，然后完成图8-4中的连线题。

```
新浪微博          大专、本科生
                  中学生
                  明星
                  名人
                  草根博主
                  职场精英
                  高中生、中职生
腾讯微博          动漫爱好者
                  都市白领
                  自由职业
```

图8-4　新浪微博和腾讯微博的主要受众

第二步：知晓微博营销受众的特点与营销目标的关联，选择合适的微博营销平台。

知识加油站 》》

1. 海澜之家的新浪微博品牌推广

说到海澜之家，大家想起的就是那两句经典的广告词"海澜之家，男人的衣柜""男人一年要逛两次海澜之家，每次都有新感觉"。为树立全新时尚帅气的品牌形象，企业与新生代小生合作，策划了一系列的微博营销活动。新浪微博最大的特点就是主推名人策略，因此新浪微博平台上的名人很多，能够利用名人效应来吸引网友关注。新浪微博受众文化程度高，品牌意识强，对实时信息关注度高，很喜欢关注名人，因此海澜之家选择新浪微博平台，使用明星效应来增加网友对其微博的关注，粉丝数和转发量大大提高，从而实现品牌宣传和推广的目的，如图8-5所示。

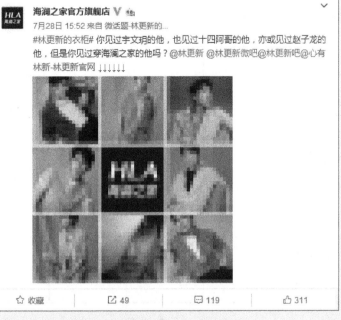

图8-5　海澜之家在新浪发布的微博

2. 金龙鱼的腾讯微博产品推广

金龙鱼视微博平台为营销渠道之一，企业新产品深海鱼油调和油的消费群以广大考生为主，而腾讯微博的受众多为初中生和高中生。在新产品宣传推广期间，企业选择在腾讯微博平台发布产品信息，向考生和家长传播金龙鱼深海鱼油调和油"补脑助力考试"的诉求点，在营销的一个月内参与数达到59191条，微博收听数达到70896人，营销效果十分显著，如图8-6所示。

> 金龙鱼3A智囊团：#金龙鱼添加深海鱼油调和油#亲们，你相信只通过日常膳食，即能足量补充DHA、EPA和ALA三大营养成分，全面实现心、脑、体健康吗？金龙鱼添加深海鱼油调和油告诉你！！为了你们家的老人、小孩，妈妈们赶紧把它带回家吧！
>
> 收起　　　　　　　　　　　　　　金龙鱼深海鱼油调和油（30S）_clip

图8-6　金龙鱼在腾讯发布的微博

想一想　请想一想，海澜之家为什么选择在新浪微博而不是腾讯微博上做品牌推广呢？

议一议　工贸家电是湖北省内最大的家电连锁经营企业，请结合以上两个案例议一议，李成响团队应选择新浪微博还是腾讯微博为工贸家电做微博营销，并请说出理由。

任务评价

认知微博营销的任务评价见表8-2。

表8-2　认知微博营销的任务评价

序号	评价项目	自我评价			
		能准确阐述（优）	能阐述（良）	能大概阐述（合格）	不能阐述（不合格）
1	微博营销的概念				
2	微博营销的优势				
3	微博平台受众的类型				
4	两大微博平台的特点				
5	微博平台受众与营销目标的关联				

教师评价：

任务二 微博推广

任务介绍

微博平台的每一个听众（粉丝）都是潜在的营销对象，微博内容如何吸引粉丝关注是需要一定技巧和方法的。在本次任务中，我们将了解原创微博的撰写方法，能够撰写原创微博；了解转发评论微博的作用，能够转发及评论微博。

活动一 撰写并发布原创微博

活动描述

谢经理要求李成响团队为工贸家电撰写营销微博，并且要求是原创的。这让李成响团队又苦恼了，平时大多是转载他人的微博，自己没有写过微博，更别谈为企业撰写营销微博了。为了帮助李成响团队，谢经理找来了微博案例供他们学习参考。

活动实施

第一步：通过案例分析，知晓原创微博的结构和撰写方法。

案例8-2

一般原创微博的内容分为三部分：主题+正文+附加信息，如图8-7所示。但是也有正文+附加信息这样的结构。

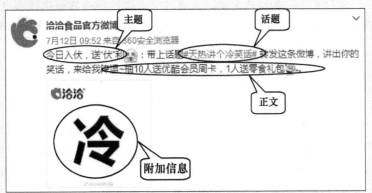

图8-7 洽洽食品官方微博结构分析

主题：主题一般写在发布框正文开始的位置。微博主题是内容的总结和概括，目的是要能够让用户看到主题就知道微博的大致内容。例如，洽洽食品的这条微博中，"今日入伏，送'伏'利"就是微博的主题。两组四字短语，将"福利"变成了"伏利"，很有创意，既点题又有趣。原创微博不一定全都有主题，撰写的时候应根据需求决定。

正文：正文是对主题内容的解释，对主题展开进一步描述，能够让用户全面了解微博内容。正文部分是微博的躯干，因此在正文的撰写上最基本的是要注意不能有错别字、不能产生歧义、不能有逻辑性错误。例如，洽洽食品的这条微博中，"带上话题#天热讲个冷笑话#转发这条微博，讲出你的笑话，来给我降温～抽10人送优酷会员周卡，1人送零食礼包"，便是正文。

附加信息：包括表情、图片、视频和话题等，另外还包括链接。例如，洽洽食品的这条微博中，所配的图片、表情和"#天热讲个冷笑话#"就是附加信息。原创微博附加信息如图8-8所示。

话题：话题很重要。话题就是微博搜索时的关键字，其书写形式是将关键字放在两个"#"号之间，后面再加上想写的内容。例如，#天热讲个冷笑话#。

图8-8　原创微博附加信息

知识加油站 》》

微博中"V""#""@"符号的含义如下：

在原创微博内容的撰写中带有"V""#""@"的符号，这些符号的存在是有实际意义的。

（1）V　"V"出现在微博用户昵称右侧，并不是所有博主都有这个标识，如图8-9所示。它代表了一种特殊身份，是通过官方微博平台身份认证后被授予的，主要是为了确保信息真实、准确，以及鼓励用户对自己言论的真实性负责，保障权益。

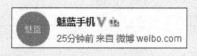

图8-9　魅蓝手机微博账号官方认证

（2）#　新浪官方的说法就是"话题"，简单来说就是搜索微博时用的关键字，也可以说是你给某条微博贴的一个标签，方便它与其他提到该关键字的内容相互关联起来。

（3）@　"@"的意思是"对某人说"或者"需要引起某人的注意"。想在自己的微博向某人"喊话"，或者想微博与某人有关，在发表的同时也想给他/她一个消息提醒，让他/她可以查看到，那就可以使用"@"。

议一议

请对下面两条微博的结构进行分析，如图8-10和图8-11所示。请分别指出微博的主题、正文和附加信息。

图8-10　微博结构分析一

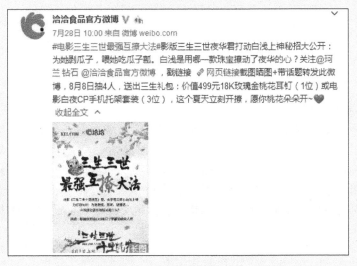

图8-11　微博结构分析二

第二步：通过网络搜索学习，了解原创微博的类型和撰写技巧。

知识链接》》

原创微博就是微博用户在发布框里编辑并发布的内容，是相对于转发别人微博而言的。用户以简短的文字、图片、音频或视频等形式将所见所闻、评论观点和思想领悟等进行即时分享。

知识加油站

原创微博的类型如下:

1. 借势营销微博

在撰写借势营销微博时,要结合当下的热点或新闻事件来撰写,以吸引媒体、社会团体和消费者的兴趣与关注,以达到广告宣传,并最终促成产品或服务的销售。例如,良品铺子趁着电影《变形金刚5》上映的热度引来粉丝的围观,并以送电影票的方式让微博频繁转发,如图8-12所示。

图8-12 良品铺子事件营销微博

2. 活动策划微博

在撰写活动策划微博时,要突出活动的诱惑力,让用户有分享和转发的兴趣,自愿参与进来。活动中植入产品和服务,通过粉丝转发进行传播。例如,图8-13中洽洽食品的这条微博,以"给爸妈充话费"为话题,通过转发微博,分享爸妈的奇葩行为,赢洽洽产品的充话费活动,吸引用户的参与。在此过程中,分享爸妈的奇葩行为给用户带来了乐趣,大家有了共鸣就十分愿意参加这样的活动。

图8-13 洽洽食品活动策划微博

3. 产品推广微博

在撰写产品推广微博时,最重要的就是以最少、最精练的文字将产品的特色(如颜色、工艺、材质、设计等)描述出来,将最想让用户接收的信息清楚明白地表达出来。例如,图8-14中的OPPO R11巴萨限量版手机的微博,由于产品的特点不止一点,但是只用一条微博来包揽产品的特点文字过多,重点不突出,所以采用多条微博介绍,在不同的时间点发布,但每条微博都精练地介绍了产品的不同特点。

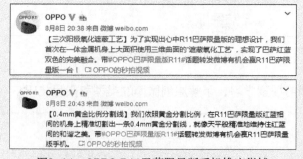

图8-14 OPPO R11巴萨限量版手机推广微博

4. 话题微博

话题微博的撰写最重要的在于话题的选择,要紧紧抓住用户的眼球。因此撰写时要选择有争议的话题,或者是热门话题,互动性强,能引起大家的共鸣。例如,图8-15中的洽洽食品的这条微博,以"南美超级德比杯""巴西赢球送双份礼"为话题,并通过之后不断发布比分的揭晓和新的猜比分活动,从而引发球迷的关注。

图8-15 洽洽"南美超级德比杯"微博

议一议

请对知识加油站中的案例进行分析,议一议这些案例中有哪些撰写技巧,并从下面的选项中将这些技巧挑选出来,写在横线上。

微博撰写技巧＿＿＿＿＿＿＿＿＿＿＿＿＿＿＿＿＿＿＿＿＿＿＿＿。

①文字简练;②语言风趣;③情感真挚;④有娱乐精神;⑤善于讲故事,活动有吸引力;⑥结合热点;⑦善于制造话题。

开动脑子想一想撰写微博还有哪些技巧?

试一试

1. 请试一试通过网络搜索,查找今年的热门话题、新闻热点和网络热词。
2. 请关注工贸家电的微博,结合当下热点为工贸家电写一条活动策划微博。

活动二　转发评论微博

活动描述

谢经理告诉李成响团队撰写并发布微博只是微博营销的第一步,还要借助微博平台的功能转发和评论微博,最终实现微博营销的目的。微博平台上有许多功能,对营销来说最为重要的就是评论和转发功能。到底评论和转发对微博营销起到什么样的作用呢?又该如何进行操作呢?李成响团队接下来要继续学习。

活动实施

第一步:通过案例学习,了解转发和评论微博的作用。

案例8-3

当企业转发一条微博,转发后所有关注该企业的用户就能看见这条微博,用户也可以对这条微博加入评论再进行转发,如此这样循环往复,就实现了信息的传播。微博的传播速度有多快,我们可以从以下案例得到验证。2017年8月8日22:03 OPPO官网发了一条转发送手机的微博,在短短几天之内转发量就达到了1032948次,评论31345

条；而当天的转发量就达到了十几万条，如图8-16所示。

图8-16　OPPO R11巴萨限量版手机微博

知识加油站 》》

　　由于微博注册的用户来自全国各地，甚至是海外，因此微博传播的范围就很广。在这个网络高速发展的时代，一条微博可以因为转发而到达世界各地。转发微博的作用：

1. 提高粉丝增加的概率

　　微博的转发功能使得信息得以传播，通过转发，可以提高微博在公众面前的曝光率，这也就意味着会有更多的人知道微博的信息。而转发传播的内容是用户所需的，那么这个微博账号就很有可能被关注，这样也就提高了增加粉丝的概率。

2. 加强与用户的互动交流

　　评论是微博互动的主要方式之一，用户不光只转发微博，还对其进行评论，这说明用户在关注你的微博。评论的过程实则是信息沟通和观点交锋的过程，是用户和企业之间颇为直接的沟通方式。企业通过这样的方式来加强与用户之间的交流，清楚用户的需求，从而达到更好的营销效果。

议一议

1. 如果短时间内转发微博过于频繁就会造成刷屏的现象，这样做会引起什么后果？
2. 如果企业老是转发别人的内容或转发的原创微博内容质量低，会给企业带来什么不好的影响？
3. 如果企业只是转发微博就了事，不关注用户的评论和回复评论，时间长了会导致什么后果？

第二步：知晓转发和评论微博的步骤和操作，能转发和评论微博。

此处以新浪微博平台为例。

（1）登录新浪微博平台，输入账号和密码，登录微博，如图8-17所示。如果没有微博账号需要先进行注册。

图8-17　新浪微博注册、登录界面

（2）选定想要转发的微博，单击底部的转发按钮，如图8-18所示。

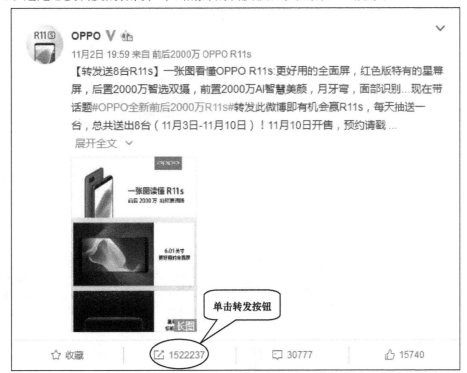

图8-18　转发微博

（3）单击转发按钮之后会弹出一个对话框，可根据自己的需求转发至"我的微博""好友圈""私信"，如图8-19所示。

（4）单击"转发"按钮，如图8-19所示，微博转发成功。关注你的人就可以看见你所转发的微博了。

（5）微博转发的同时可以进行评论。在转发选项下面有评论区，在评论区中输入评论的内容,单击"转发"按钮,就可以连同评论一起转发,如图8-19所示。

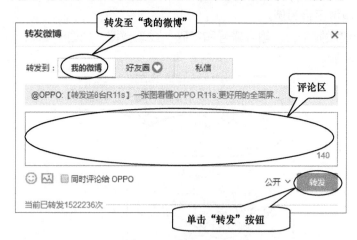

图8-19 微博转发选项

(6)转发之后的微博就会显示在自己的微博个人页面,如图8-20所示。

(7)如果不转发微博而是直接评论,单击微博下方的评论按钮就可以显示评论区,在评论区中输入评论内容,最后单击"评论"按钮就可以成功评论,如图8-21所示。

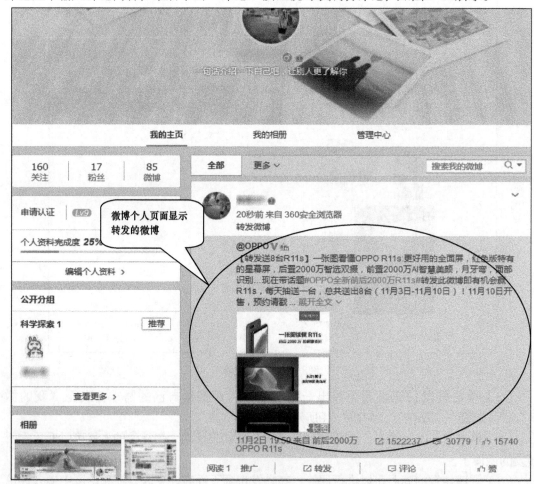

图8-20 微博个人页面显示转发的微博

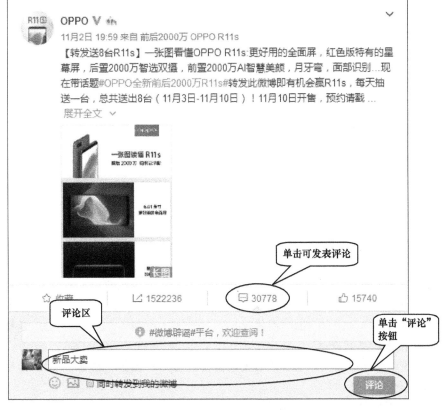

图8-21 微博直接评论区

> **试一试**
>
> 请登录新浪微博相互关注微博账号,转发评论微博并@三位好友。

任务评价

微博推广的任务评价见表8-3。

表8-3 微博推广的任务评价

序 号	评 价 项 目	自 我 评 价			
		能准确阐述（优）	能阐述（良）	能大概阐述（合格）	不能阐述（不合格）
1	原创微博的结构和撰写方法				
2	原创微博的类型和撰写技巧				
3	转发和评论微博的作用				
4	转发和评论微博的操作				
教师评价:					

项目总结

本项目的主要内容包括认知微博营销和微博推广两个学习任务。

认知微博营销主要是通过对案例进行分析,了解微博营销的概念和优势,让同学们对微博营销有个基本认识。通过了解微博营销的目标和受众,学习微博营销目标与平台的关联,从而能够选择微博营销平台。

微博推广主要让同学们学习原创微博的结构和撰写方法,知晓原创微博的类型和写作技巧,知道转发和评论微博的营销作用,能够转发和评论微博。

项目练习

一、不定项选择

1. 以下(　　)是微博营销的优势。
   A. 成本低　　　　　B. 传播速度快　　　C. 互动性强　　　　D. 形式多样
2. 微博用户有(　　)。
   A. 个人用户　　　　B. 企业用户　　　　C. 社会组织　　　　D. 政务机构
3. 医院、学校和公益性组织属于微博的(　　)用户。
   A. 个人用户　　　　B. 企业用户　　　　C. 社会组织　　　　D. 政务机构
4. 下面(　　)属于附加信息。
   A. 表情　　　　　　B. 图片　　　　　　C. 视频　　　　　　D. 链接
5. 原创微博的类型有(　　)。
   A. 借势营销微博　　B. 活动策划微博　　C. 产品推广微博　　D. 话题微博

二、简答题

1. 企业微博营销的目标有哪些?
2. 什么是原创微博?其内容结构是什么?
3. 微博的撰写技巧有哪些?
4. 转发和评论微博的作用是什么?

项目九 微信营销

项目简介

本项目中,我们将从同学们身边所熟知的微信营销案例入手,了解微信营销的概念及其优点,能创建微信公众号,能撰写有吸引力的微信软文,掌握推送信息并与粉丝互动的方法。

项目目标

- 了解微信营销的概念及其优点。
- 了解微信公众平台。
- 掌握微信订阅号注册及认证的流程。
- 能撰写有吸引力的微信标题和文案。
- 能够推送信息并与粉丝互动。

任务一 认知微信营销

任务介绍

微信是当下最火热的互联网聊天工具,它是有超过11亿个用户的庞大用户群,许多企业注册微信公众号开微商城或进行自媒体营销,都从中获益匪浅。在本次任务中,我们将走进微信营销,通过案例解析,了解和认识微信营销,知道其优点,知晓微信公众平台的商业价值,掌握注册及认证微信订阅号的方法。

活动一 微信营销案例解析

活动描述

李成响团队实习的公司有几个项目需要做微信营销,谢经理让同学们参与进来。由于同学们对微信所知不多,于是谢经理要大家到网上搜索微信营销案例,带着大家一起解析,学习微信营销的相关知识,同时了解其方向和思路,提高对微信及其商业价值的认知。

活动实施

第一步：通过网络搜索，找到并解析微信营销成功案例。

案例9-1

皮爷咖啡进入中国市场初期，受众对该品牌认知度比较低。皮爷咖啡通过数据调研及分析发现，对品牌深度认知的新客户复购率远高于普通客户，因此开发了"皮爷咖啡博物馆"小程序，通过投放微信朋友圈广告等形式，让客户进入小程序，制作H5小游戏与用户进行互动，阅读咖啡藏品故事，即解锁一个任务，可领取相应咖啡精美壁纸，当积累到一定任务数量，用户还可获得优惠券，通过这种方式，不仅增加客户的参与感，用优惠券还可吸引客户进入小程序消费。如图9-1所示。

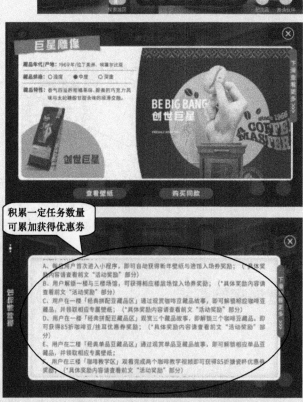

图9-1 "皮爷咖啡博物馆"小程序

通过"Peets皮爷咖啡"小程序的主题活动"请TA喝一杯",给好友赠送咖啡可增加分享力度,借助人传人的力量扩大营销活动的传播面。点击"电子礼金卡"可以跳转到"皮爷咖啡礼品卡"小程序购买礼品卡。对于日常客户,小程序自助下单,通过"会员首单优惠""积分兑换"等机制,转化销售,吸引新客户购买和老客户复购。如图9-2所示。

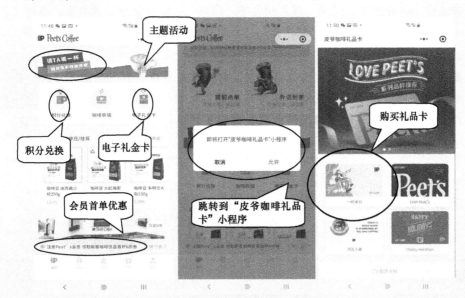

图9-2 "皮爷咖啡礼品卡"小程序

同时,在微信软文视觉设计上,通过统一的视觉规范,发挥品牌独有资产,同时,结合中国传统文化及地域特色,推出了"致敬上海"周年庆画面,唤起了用户文化与情感的共鸣。

图9-3 皮爷咖啡"致敬上海"文化海报

案例分析:通过强化品牌记忆认知、小程序活动互动传播、自助下单等方式,皮爷咖啡做到让客户从了解品牌到吸引购买再到复购,分享并传播,让客户浏览有认知、转发有传播、支付有复购,加深与客户之间的关联。同时,文化的传承让客户的记忆点更加深刻。

知识链接

1. 微信

微信是腾讯公司于2011年1月21日推出的一个为智能终端提供即时通信服务的免费应用程序。微信支持跨通信运营商、跨操作系统平台,通过网络快速发送免费(需消耗少量网络流量)语音短信、视频、图片和文字,同时,也可以使用通过共享流媒体内容的资料和基于位置的"摇一摇""朋友圈""公众平台""语音记事本"等服务插件。

2. 微信营销的定义

微信营销是企业和个人利用微信平台,对微信用户进行的营销活动。微信向用户提供了如朋友圈、订阅号和服务号等丰富的功能和服务,企业和个人可以通过微信提供的这些功能及服务轻松地进行点对点精准营销。

微课9
微信营销

想一想

请想一想,星巴克为什么选择微信平台做营销推广呢?

知识加油站

1. 微信的基本功能

(1)聊天 微信支持发送语音、视频、图片(包括表情)和文字,是一种聊天软件,支持多人群聊,如图9-4所示。

(2)微信支付 微信用户可通过手机完成快速的支付流程,以绑定银行卡的快捷支付为基础,如图9-5所示。

图9-4 微信聊天 图9-5 微信支付

2. 微信的其他功能

（1）朋友圈　用户可通过朋友圈发表文字、照片和视频，同时可以通过其他软件将文章或音乐分享到朋友圈，如图9-6所示。

（2）扫一扫　点击"扫一扫"，可通过扫描对方二维码添加好友，也可通过"扫一扫"关注一些大型的微信公众号，还可以利用"扫一扫"进行付款功能或安装各类App，如图9-7所示。

（3）摇一摇　通过摇手机或点击"摇一摇"，可以匹配到同一时段触发该功能的微信用户，如图9-8和图9-9所示。

（4）微信公众平台　通过微信公众平台，个人或企业可打造一个微信公众号，可以群发文字、图片和语音等内容，如图9-10所示。

图9-6　微信朋友圈

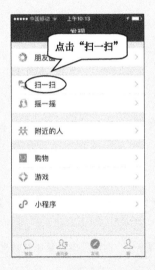

图9-7　微信"扫一扫"功能

图9-8　点击"摇一摇"

图9-9　摇动手机

图9-10 微信公众平台

议一议

请议一议,星巴克的微信营销理念是什么?它与粉丝互动用到了微信平台上的哪些功能?

试一试

请结合案例对微信营销的定义进行分析,将表9-1中能体现微信营销优势的词挑选出来,并在后面的空格内打"√"。

表9-1 能体现微信营销优势的词

庞大的用户群		一对多沟通		一对一沟通	
功能单一		功能多样化		精准营销	
用户小众		互动性强		互动性弱	
用户信息不真实		用户信息真实		营销成本低	

活动二 注册微信订阅号

活动描述

李成响团队通过对案例的解析,知道了微信营销的定义及其优点,他们热情高涨,渴望自己能够小试身手。但谢经理告诉大家先别急,企业首先要在微信公众平台上注册微信公众号,然后进行微信营销。但微信公众号有几种,应该注册哪一种呢?谢经理让大家先上网了解微信公众平台及其类型,注册微信订阅号,为营销活动的开展奠定基础。

活动实施

第一步：认识微信公众平台的类型，知晓微信公众平台的商业价值。

李成响召集团队成员一起讨论，大家决定首先通过百度搜索引擎了解微信公众平台的相关知识。

知识链接

1．微信公众平台的定义

微信公众平台是腾讯公司在微信的基础上新增的功能模块，通过这一平台，个人和企业都可以注册微信公众号，并实现与特定群体的文字、图片、语音的全方位沟通和互动。2013年微信公众平台进行升级，将微信公众平台分成订阅号和服务号两种类型，商家通过申请微信公众账号后，就能利用微信公众平台进行自媒体营销活动。

2．订阅号与服务号的区别

目前微信公众平台账号分为订阅号和服务号，这两种账号的区别见表9-2。

表9-2　订阅号与服务号的区别

比较项目	账号类型	
	订阅号	服务号
账号功能	为用户提供信息和资讯	为用户提供服务
消息显示方式	发给用户的信息会显示在聊天列表的订阅号文件夹中，用户不会收到即时的消息提醒	发给用户的信息会显示在聊天列表中，用户会收到即时的消息提醒
消息次数限制	每天可群发1条消息	每月可群发4条消息
适用人群	个人、媒体、企业、政府或其他组织	媒体、企业、政府或其他组织
高级接口权限	认证后部分支持	支持，可自定义菜单

案例9-2

中国南方航空公司总信息师胡臣杰曾表示："对今天的南航而言，微信的重要程度等同于15年前南航做网站！"也正是由于对微信的重视，如今微信已经跟网站、短信、手机App和呼叫中心一并成为南航五大服务平台。

2013年1月30日，南航微信发布的第一个版本就在国内首创推出微信值机服务。随着功能的不断开发和完善，如今的南航微信公众平台分为"航班服务""自助服务""粉丝专享"三个自定义菜单，如图9-11所示。在"航班服务"栏目中，用户可通过该微信公众平台进行机票预订、选座和办理登机牌、航班动态查询、里程查询与兑换、机票延误退改等服务。除此以外，用户还可通过该公众平台的"粉丝专享"栏目了解到最新的优惠促销活动，参与抽奖送机票，如图9-12所示；线路的推荐，可直接预订旅行线路，如图9-13所示。同时，"自助服务"栏目还推出客户服务，解答客户的问题。

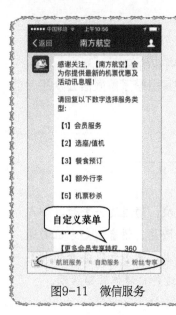

图9-11 微信服务　　　　　图9-12 优惠抽奖　　　　　图9-13 线路推荐

议一议　请议一议南航为什么如此重视微信公众平台？南航是否充分利用了微信平台来开展营销活动？

试一试　请在案例分析的基础上，完成南航微信公众平台功能与微信公众平台商业价值的连线，如图9-14所示。

南航微信公众平台功能	微信公众平台商业价值
微信值机服务	快速推送产品或服务，促成交易
机票预订	方便用户参与企业发起的互动活动
选座和办理登机牌	实现线上与线下销售的结合
航班动态查询	实现促销活动的最大曝光，降低营销成本
里程查询与兑换	方便用户与企业的沟通
机票延误退改	移动电商平台，实现下单和支付交易
参与抽奖送机票	信息查询
直接预订旅行线路	客服服务
自助服务	客户关系管理
线路推荐	宣传品牌形象

图9-14　微信公众平台功能与微信公众平台商业价值对应连线

第二步：注册微信订阅号。

李成响团队认识到微信公众平台的商业价值，也了解到微信公众平台账号注册的条件，大家商量后决定注册微信订阅号，然后熟悉微信公众平台的使用方法。（微信公众平台注册以最新更新的流程及界面为准。）

大家通过上网搜索，了解到微信订阅号的注册年龄条件需满18周岁，但中职生普遍达不到这个要求。谢经理告诉同学们：虽然现在达不到要求，但应先了解订阅号的注册流程，为将来的工作做好准备。

（1）在搜索引擎中输入关键字"微信公众平台"，进入微信公众平台官网，单击"立即注册"按钮，如图9-15所示。

图9-15　微信公众平台首页

（2）选择公众平台类型，如图9-16所示。

图9-16　选择公众平台类型

（3）按要求填写基本信息，单击"注册"按钮，如图9-17所示。

（4）在"账号类型"界面选择"订阅号"，如图9-18所示。

（5）在"信息登记"界面选择公众号主体类型为"个人"，如图9-19所示。

（6）填写运营者信息，如图9-20所示。

（7）填写此微信公众平台账号的名称及该平台的功能介绍，如图9-21所示。

（8）成功创建微信订阅号后，可在后台首页查到账号功能和整体情况，如图9-22所示。

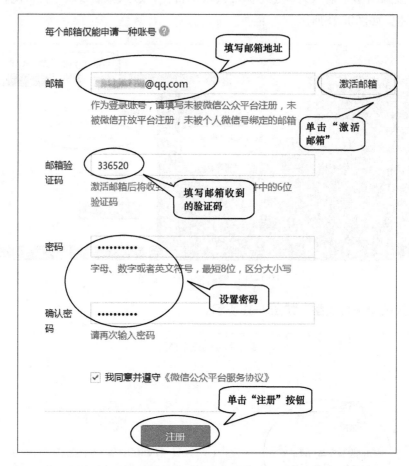

图9-17 填写基本信息

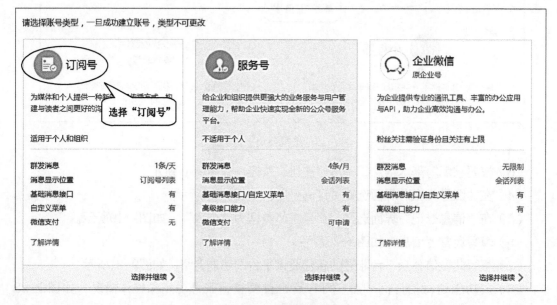

图9-18 选择账号类型

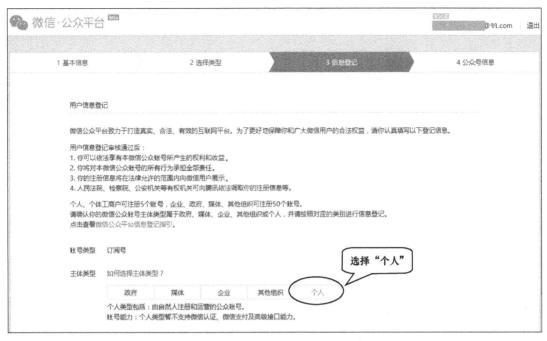

图9-19　选择公众号主体类型

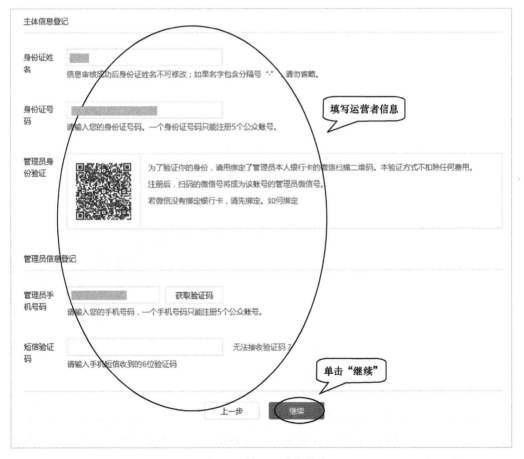

图9-20　填写运营者信息

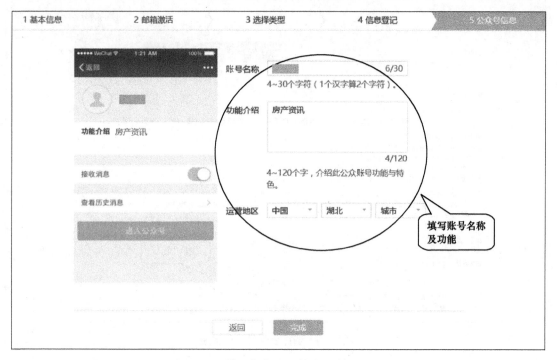

图9-21 填写微信账号名称及功能介绍

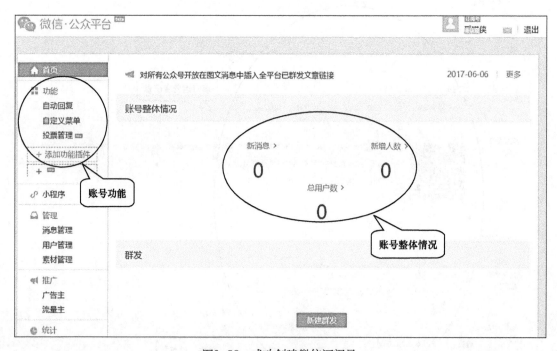

图9-22 成功创建微信订阅号

> **试一试**
>
> 请参考微信个人订阅号的注册步骤,为自己注册一个个人微信订阅号,如图9-23所示。(提示:未满18周岁不能注册个人微信订阅号。如果有兴趣,可借用家长的身份证号注册。)

账号类型	订阅号
主体类型	如何选择主体类型？

政府	媒体	企业	其他组织	个人

个人类型包括：由自然人注册和运营的公众账号。
账号能力：个人类型暂不支持微信认证、微信支付及高级接口能力。

主体信息登记

身份证姓名 ▮▮▮

信息审核成功后身份证姓名不可修改；如果名字包含分隔号"·"，请勿省略。

身份证号码 4115252000092▮▮

身份证格式不正确，或者年龄未满18周岁，请重新填写。

请输入您的身份证号码。一个身份证号码只能注册5个公众账号。

图9-23　个人微信订阅号注册提示

知识加油站 》》

1. 微信认证

微信认证是微信公众平台为了确保公众账号信息的真实性、安全性，提供给微信公众服务号进行微信认证的服务，完成认证需支付费用300元。2014年1月24日，微信团队发布了"公众平台微信认证更新通知"，如图9-24所示。

公众平台微信认证更新通知

微信公众号运营者：

微信公众平台已开放订阅号的企业类型认证，流程与服务号完全一致。所有认证成功的账号（包括微信认证和已获得关联微博认证的账号）都可以自动获得自定义菜单。

企业组织类型的微博认证入口已关闭，同时由于微信认证不支持个人认证，个人的订阅号可申请关联个人微博认证。

微信团队
2014年1月24日

图9-24　微信公众平台认证更新通知

2. 微信公众号认证的作用

（1）用户会在微信中看到微信认证特有的标识，更能增加用户的信任度和体验度。

（2）当用户通过关键词搜索微信公众号时，认证过的微信公众号排名更靠前，更容易被用户搜索到并加关注。

（3）认证后，微信服务号就会自动打开高级接口中的所有接口权限，这样二次开发功能将会大大增加用户的体验度。微信订阅号马上会打开自定义接口权限。有了这些接口的开放，企业会做出有别于其他的服务号或订阅号的特色来。

试一试

请通过上网搜索深入了解后，说出微信公众平台认证后可获得的权限。

任务评价

认知微信营销的任务评价见表9-3。

表9-3　认知微信营销的任务评价

序号	评价项目	自我评价			
		能准确阐述（优）	能阐述（良）	能大概阐述（合格）	不能阐述（不合格）
1	微信营销的概念				
2	微信营销的优点				
3	微信公众平台的商业价值				
4	微信公众平台账号类型和区别				
5	微信公众账号认证的作用				
教师评价：					

任务二　微信推广

任务介绍

如今，微信公众号上推广的文章越来越丰富，各种微信活动也层出不穷，集赞送礼、抢红包、砍价等吸引了许多小伙伴的目光。如何让你的微信获得众多粉丝的关注？在本次任务中，我们将了解如何写出有吸引力的微信推广文章，了解微信推送产品信息并与粉丝互动的方法。

活动一　撰写微信标题和文案

活动描述

注册微信公众号以后，李成响团队准备向用户推送信息。谢经理推荐了一些微信公众号给大家，上面有很多有吸引力的标题和有创意的文案，大家很是佩服，那如何才能成为高手呢？他们讨论后决定先上网学习如何撰写微信标题和文案。

活动实施

第一步：通过百度搜索引擎，了解微信标题的写法。

> **知识链接**
>
> 1．悬念式标题
>
> 悬念式标题主要就是为了引起别人的好奇心，最终解开谜团时就是产品出场的时候。
>
> 2．反问句式标题
>
> 反问句式标题的好处是引发读者思考。例如，"万万没想到，中国最潮的大叔竟然是他？"
>
> 3．借用热门新闻的标题
>
> 结合最新的热点事件、节日和季节内容，不仅具有时效性，还能借助大众对于热点的关注，提高文章打开率和转发率，但特别要注意的是要有观点和态度。例如，借助《太子妃升职记》写的标题"《太子妃升职记》剧组太穷，但是却能看的欲罢不能"。
>
> 4．段子型标题
>
> "今天你对我爱答不理，明天我让你高攀不起"这种标题是非常典型的段子型标题，直接地表达了一种态度，每个人都有被其他人冷落的时候，这是一个普通人都具有的感受，非常容易引起共鸣。

试一试　请上网搜索有吸引力的微信标题，说说它们的写作方法和独特之处，并彼此交流分享。

第二步：设计有吸引力的微信活动并撰写微信文案。

谢经理告诉大家，好的标题只是微信营销的第一步，还需要配合引起用户共鸣的微信文案，同时将推广活动巧妙地植入到文案中，这样才能让用户积极参与并不断转发，扩大影响力，得到用户的持续关注。

> **案例9-3**
>
> 可口可乐是高知名度的国际品牌，2016年秋天，可口可乐公司准备在微信上对其可口可乐饮料策划一次活动，本次活动意在加强与粉丝的情感联系，同时进一步提升产品销量。图9-25~图9-28是当时活动的主题和文案。
>
> 标题用邀请函的形式吸引用户点击，正文以"秋天"为主题，用诗歌的形式抒发情感，配图展现了好友相聚畅饮和秋雨绵绵独居小酌的情境，将产品巧妙地植入图和文中，渲染了秋天多愁善感的氛围，引起人们的共鸣。然后顺其自然地在文后设计了与主题相关的活动，不给人以生硬的感觉，吸引粉丝参与互动。

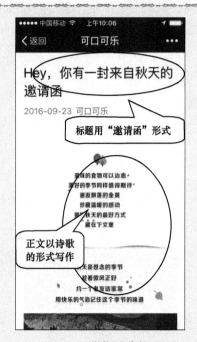
图9-25 微信活动主题

图9-26 微信活动文案一

图9-27 微信活动文案二

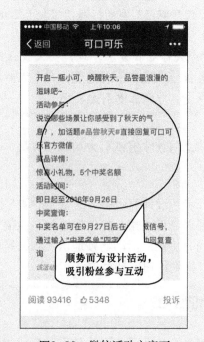
图9-28 微信活动文案三

活动型微信软文内容通常由开头软性文字引入，中间穿插产品相关介绍文字或图片，通常在结尾处介绍品牌最近开展的活动，从而吸引用户的参与。撰写此类软文应注意活动的设计要能吸引粉丝参与，同时活动规则尽量简单，软文标题要具有吸引力，同时，软文中产品的植入应巧妙，和情境有机结合起来，配以软性的文字打动消费者。

议一议

"六一"前工贸家电推出了主题为"未来梦想家"的儿童画作征集活动,并在"六一"当天举行画展。请阅读下面的相关资料(见图9-29),为这次活动撰写一篇微信推广软文。

图9-29 工贸家电画展活动宣传海报

活动时间:6月1日。
主题:未来梦想家。
内容:6月1日当天,在工贸家电卖场开展画展活动,为本阶段活动进行最后收官之战。
地点:工贸家电大型卖场。
活动奖励:现场举办颁奖活动,为画展中获得高评分的小朋友颁发奖品。

活动二　推送产品信息与粉丝互动

活动描述

活动一中李成响团队知道微信标题和文案的写法后,在谢经理的指导下,为几个项目撰写了产品信息和推广文案,并且要在活动推广期间向用户进行推送。谢经理让大家掌握微信推送方法,并进行跟进活动,通过微信与粉丝进行互动。

活动实施

第一步:掌握微信的推送方法。

（1）登录注册的微信公众账号，进入首页，单击"素材管理"，再单击"新建图文素材"，如图9-30所示。

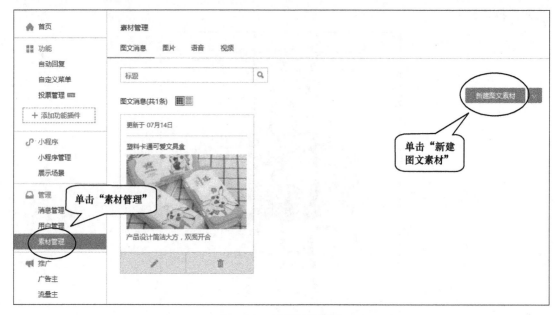

图9-30　新建图文素材

（2）在弹出的页面中编辑文字内容，如图9-31所示。

（3）插入图片。在多媒体栏目中单击"图片"，如图9-31所示。在弹出的页面中单击封面下的"从图片库选择"按钮，选择制作好的封面图；在摘要栏中编辑摘要，单击"保存"，如图9-32所示。

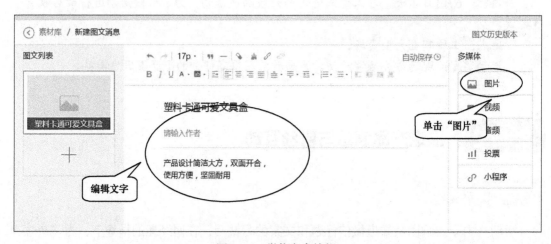

图9-31　微信文字编辑

（4）编辑完成后，单击"预览"，再单击"发送到手机预览"，输入预览的微信号，如图9-32～图9-34所示。

（5）回到图9-32，单击"保存并群发"，在弹出的页面中单击"群发"，如图9-35所示。最后用运营者手机操作扫描微信二维码，确认发送，如图9-36和图9-37所示。

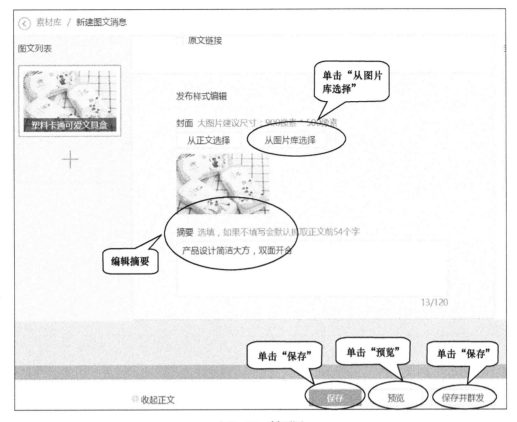

图9-32　封面图

图9-33　发送到手机预览

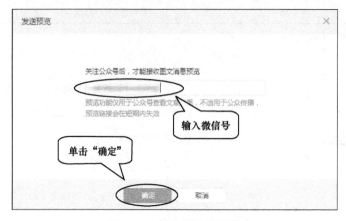

图9-34 输入微信号预览

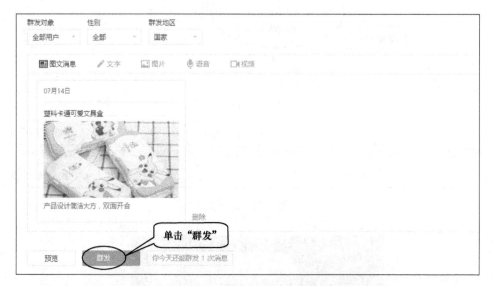

图9-35 单击"群发"按钮

图9-36 扫码验证

图9-37 群发确认

议一议

××健身器材企业要通过微信公众号推送产品信息，该企业有健身球、瑜伽垫和骑马机等健身产品，请上网了解这些产品，然后从中选择一件产品，撰写产品营销软文，并将其推送出去。请将推送前后的有关信息填入表9-4。

表9-4 企业微信公众号推广文章信息

选择的产品	
软文标题	
软文创意	
软文内容梗概	
封面图片	
推送时间	
阅读量	
评论量	
留言	

第二步：运用多种方式，与粉丝进行互动，实现引流。

案例9-4

1931年，第一代百雀羚产品诞生于上海，独有的芳香引领了一个时代的芳华。2020年，百雀羚集团捐赠2亿抗疫物资驰援武汉，守护白衣天使。作为大众耳熟能详的国货经典品牌，百雀羚围绕着品牌的"科技新草本"战略升级，通过微信公众号不断传递品牌主张。

百雀羚微信公众号栏目"东方故事"的子栏目"焕肤之旅"，在不同时期，通过推出海报"高考毕业季，成为护肤优等生是一种怎样的体验"，关注毕业生求职者的护肤需求，通过有奖互动让用户通过评论区留言赢取相应奖品；母亲节期间，用"妈妈的脸爱说谎"，打造母亲节结合品牌相应产品，礼献母亲节。如图9-38所示。

图9-38 焕肤之旅、有奖互动、母亲节活动

其微信公众号的栏目二"视频号",栏目三"宠粉福利"中的子栏目"人民的国货"和"微博赢好礼",让微信公众号与视频号、小红书及官方微博相关联,参与微博话题的幸运顾客还可获赠试用装。如图9-39所示。

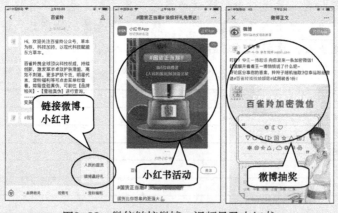

图9-39 微信链接微博、视频号及小红书

短片"韩梅梅快跑"率先在微信上投放,选取了职场、友谊、婚恋等引起年轻女性共鸣的话题,借助韩梅梅奔跑这一意象鼓励女性坚持独立,坚持勇敢做自己,成为自信的新新女性。通过这一视频,与消费者进行情感沟通,提高了其品牌影响力。短片"你应该骄傲",讲述了海外华人的真实故事,告诉国人应为祖国、为国货骄傲,激发民族自豪感的同时,让百雀羚品牌更加深入人心。

图9-40 短片"韩梅梅快跑"

图9-41 短片"你应该骄傲"

议一议

1. 百雀羚采取了哪些方式与用户互动?
2. 百雀羚的微信公众平台使用了哪些方式与用户进行互动?

> 想一想
>
> 百雀羚还可以用微信公众平台的哪些功能来与粉丝进行互动呢？

知识加油站

微信公众平台与粉丝互动的方式如下：

1. 自动回复

自动回复有"被添加自动回复""消息自动回复""关键词自动回复"三个功能，可以设定常用的文字、语言、图片和录音作为回复消息，并制定自动回复的规则。

（1）被添加自动回复 被添加自动回复是指当用户第一次关注你的公众号时，自动回复的消息。

设置方法：单击"自动回复"，再单击"被添加自动回复"，在编辑框中编辑好事先准备的文字或图片信息，单击保存即可，如图9-42所示。

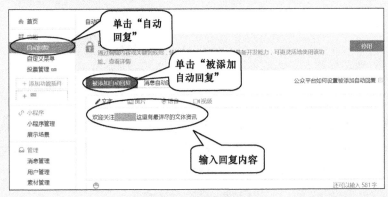

图9-42 微信自动回复

（2）消息自动回复 消息自动回复是指当粉丝随便回复的没有设置关键词的无关信息时，微信公众平台回复的信息。单击"消息自动回复"后输入回复内容即可。

（3）关键词自动回复 关键词自动回复是指关注你的粉丝给你发出指定的关键词时回复的信息。单击"添加规则"进行规则创建，当用户输入你已设置的关键词时，会弹出事先编辑好的回复内容，如图9-43所示。

图9-43 关键词自动回复

2. 面对面建群

点击微信右上角"+"——添加朋友,选择"面对面建群",和你周围的人输入同样的四个数字,即可进入同一群,如图9-44和图9-45所示。

图9-44 面对面建群

图9-45 输入相同数字

3. 摇一摇

微信摇一摇,通过摇手机或点击按钮"摇一摇",可以匹配到同一时段触发该功能的微信用户。如今,不少商家也用"摇一摇"功能做各种互动活动。例如,雪碧推出的摇一摇送雪碧饮料一杯的活动,如图9-46~图9-48所示。

图9-46 摇一摇

图9-47 摇动手机

图9-48 雪碧摇一摇活动

4. 留言管理——查看并回复粉丝留言

在留言管理中可对粉丝的留言进行回复。注意留言功能必须要在原创文章达到一定数量的基础上才能开通,如图9-49所示。粉丝留言送小礼品,如图9-50和图9-51所示。

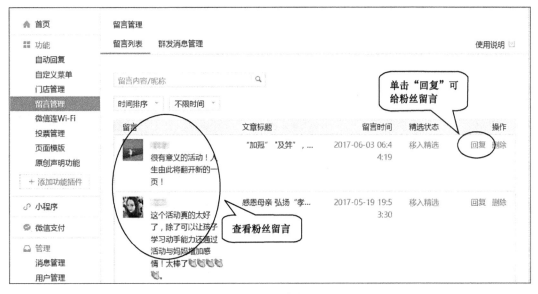

图9-49 留言管理

图9-50 粉丝留言

图9-51 粉丝留言有礼

想一想

请想一想迪卡侬还能用微信公众平台的哪些功能来与粉丝进行互动呢?

试一试

请为自己的微信公众号设置一条自动回复内容,并设计一个粉丝留言的互动活动。完成后可在全班进行分享。

任务评价

微信推广的任务评价见表9-5。

表9-5 微信推广的任务评价

序 号	评价项目	自我评价			
		能准确阐述（优）	能阐述（良）	能大概阐述（合格）	不能阐述（不合格）
1	撰写微信标题和文案				
2.	设计有吸引力的微信活动				
3	微信推送的方法				
4	微信与粉丝互动的方式				

教师评价：

项目总结

本项目的主要内容包括认知微信营销和微信推广两个学习任务。

认知微信营销主要通过微信营销的概念和其优点，让同学们对微信营销形成基本认知，通过案例解析如何进行微信营销，了解微信注册和认证的流程。

微信推广主要是学习撰写有吸引力的微信标题和文案，掌握微信平台推送信息的方法，知晓微信平台的功能，实现与粉丝互动。

本项目旨在帮助同学们理解微信营销的重要性，能注册并使用微信公众号推送信息及与用户进行互动。

项目练习

一、不定项选择题

1. 以下对微信营销概念的理解正确的有（　　）。
   A. 庞大的客户数量　　　　　　　B. 营销成本低
   C. 营销方式多元化　　　　　　　D. 互动性强
2. 微信标题有（　　）。
   A. 悬念式标题　　　　　　　　　B. 反问句式标题
   C. 借用热门式标题　　　　　　　D. 段子型标题
3. 微信公众平台自动回复功能有（　　）。
   A. 被添加自动回复　　　　　　　B. 消息自动回复
   C. 关键词自动回复　　　　　　　D. 用户自动回复
4. 下面有关微信公众平台认证说法正确的是（　　）。
   A. 认证后的微信公众平台增加用户的信任度和体验度
   B. 认证过的微信公众平台排名没有变化
   C. 认证后的微信可打开高级接口权限
   D. 微信公众平台认证没有实质作用
5. 下面不属于订阅号的特征的是（　　）。
   A. 主要以推送资讯和消息为主

B. 功能类似报纸杂志

C. 适合于个人、媒体、企业、政府或其他组织

D. 每月可推送4条消息

二、判断题

1. 微信营销一个很大的缺点是使用过程中用户的隐私性与账号安全性得不到保障。（　）
2. 微信营销是随着互联网的产生与发展而逐渐形成的新的营销方式。（　）
3. 微信的认证不需要缴纳认证费用。（　）
4. 微信做活动尽量设置容易参与的互动，规则尽量简明易懂。（　）

三、简答题

1. 微信营销的优缺点是什么？
2. 活动型微信软文的结构分成哪几个部分？
3. 微信与粉丝互动的方法有哪些？

项目十 网络营销效果测评

项目简介

企业开展了一系列的推广之后,怎么知道网络营销是否有效果呢?网络营销必不可少的一项工作是对其效果进行评价。本项目中,我们将了解数据分析对于网络营销效果评价的重要性,学习如何对网店和网站进行数据统计,知道网店和网站数据统计分析指标;掌握网店和网站数据统计分析的步骤和方法。

项目目标

- 理解数据分析对网店和网站的重要性。
- 知道网店和网站数据统计分析指标。
- 能够使用数据统计工具。
- 掌握网店和网站数据统计分析的步骤和方法。

任务一 网店数据统计分析

任务介绍

想要知晓网络营销对网店的效果,就需要对网店的数据进行统计与分析。在本次任务中,我们将通过案例,理解数据分析对网店经营的重要性,能够使用"生意参谋"工具获取数据,知道网店数据统计分析指标,掌握数据统计分析的步骤和方法,能够运用数据来支撑网店运营。

活动一 利用"生意参谋"获取数据

活动描述

李成响团队在企业的实习表现很好,也掌握了各种网络营销方法,他们很想知道自己参与的网络营销活动是否有效果。谢经理很理解大家的想法,告诉他们对营销效果进行评价就需要进行数据统计分析。谢经理让大家先了解数据统计分析对店铺的重要性,通过"生意参谋"工具知道网店数据统计分析指标。

活动实施

第一步：通过案例分析，知晓数据统计分析对店铺的重要性。

案例10-1

"传承大自然地板"是一家经营家装地板的淘宝店，从2015年店铺开张到现在经营有三年之久了。开店之初店铺无信用、无评价，浏览店铺的买家也是少之又少。店主想了多种营销方法来帮助店铺成长，经过一段时间的努力终于将店铺信用等级提升到了两颗心，但是评价却还很低，如图10-1所示。

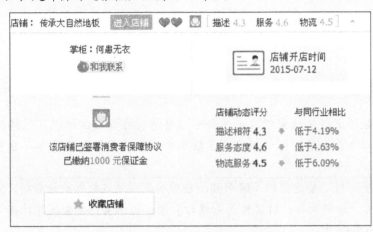

图10-1　店铺信用等级和评价图

店主很着急，虽然信用等级有所提升，但是为何自己的店铺成长如此缓慢？店主通过学习才发现自己忽略了数据统计分析对于店铺的重要性，平时都很少关注自己网店的数据，不诊断、不优化好网店，又没有分析和了解竞争对手的网店经营方向，这样的情况下怎么能和别人竞争呢？于是店主开始使用"生意参谋"工具来对网店进行数据统计分析，发现经营状况很不乐观，访客数只有寥寥十几个，一天的浏览量也就二十几条，可怜到没有交易额，如图10-2所示。店主根据"生意参谋"提供的数据进行分析，找出问题，调整营销策略。几个月后，再次查看店铺数据，显示当天支付金额可达一万多元，访客数过百，浏览量也增加了十几倍，如图10-3所示。店主通过前后对比深深感受到数据对于网店的重要性。

图10-2　店铺未进行优化前的各项数据

图10-3 店铺进行优化后的各项数据

想一想

请想一想,为什么"传承大自然地板"淘宝店店主想了多种营销方法,但是店铺的成长却始终很缓慢呢?

知识链接

对网店数据进行统计分析,一方面可以查看自身店铺的情况,了解问题所在;另一方面可以查看竞争对手的情况,了解竞争对手使用了哪些策略,自身的差距在哪里。

(1)自查自纠　查看数据了解店铺的经营状况;通过数据统计分析,监控流量,帮助流量转化;分析商品,对宝贝商品进行管理;为活动、广告提供依据,实现精准营销,提升店铺销量。

(2)窥探敌情　"生意参谋"每个模块的功能不仅能够让卖家全面了解自身店铺的情况,而且能够提供给卖家所处行业、竞争对手的销售情况,知晓与优秀同行的差距、行业所处地位。

议一议

请议一议"传承大自然地板"淘宝店店主后来做了怎样的改进呢?

第二步:认识"生意参谋"工具,知道网店数据统计分析的核心指标。

知识加油站

"生意参谋"诞生于2011年,最早是应用在阿里巴巴B2B市场的数据工具。2013年10月,"生意参谋"正式走进淘宝。2014—2015年,在原有规划基础上,"生意参谋"分别整合量子恒道、数据魔方,最终升级成为阿里巴巴商家端统一数据产品平台。通过"生意参谋",商家可以看到口径标准统一、计算全面准确的店铺数据和行业数据,从而成为商务决策的参谋。运用好"生意参谋"对网店的生意来说是一个质的提升。

通过案例分析,大家知道了数据对网店运营的重要性,那么哪些数据是最重要、最核心的呢?谢经理带领大家登录到"生意参谋"平台,进行深入探究。

(1)登录"生意参谋"平台(https://sycm.taobao.com),输入登录名和密码进行登录,如图10-4所示。

图10-4 "生意参谋"登录方式一

如果你已经登录淘宝店铺,可以直接在"卖家中心→营销中心→生意参谋"中打开"生意参谋"工具进行查看,如图10-5所示。

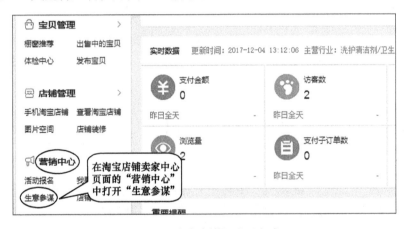

图10-5 "生意参谋"登录方式二

(2)查看"生意参谋"核心指标

"生意参谋"首页清晰地划分了九大板块,分别是实时概况、整体看板、流量看板、推广看板、退款看板、财务看板、类目看板、竞争情报和行业排行,从而方便数据的查看。对于新手卖家或刚接触的用户,不需要对每个看板的所有数据都进行统计分析,只需要抓住几个重要的核心指标。

1)实时概况　在"实时概况"板块中,可查看实时重要指标访客数和浏览量,还能看到当天和前一天实时数据的对比。点击右上角的"实时直播",可以进入查看更详细的数据,如图10-6所示。

2)整体看板　在"整体看板"中有"销售目标""访客数""支付转化率"和"客单价"四个指标,可以查看本周和上周的数据,进行对比分析,如图10-7所示。

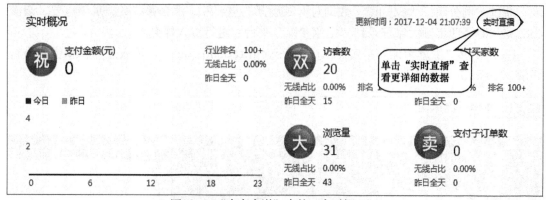

图10-6 "生意参谋"中的"实时概况"

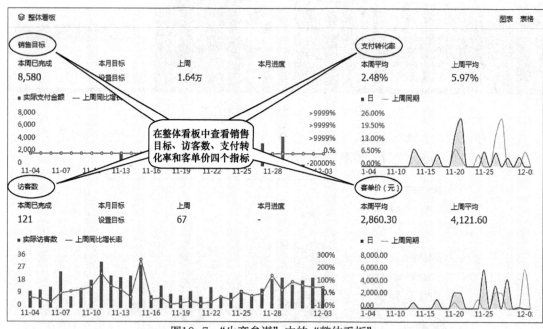

图10-7 "生意参谋"中的"整体看板"

3）流量看板 在"流量看板"中有"一级流量走向"和"二级流量来源"两个指标。"一级流量走向"其实就是流量的渠道归类，"二级流量来源"就是流量渠道的明细，如图10-8所示。

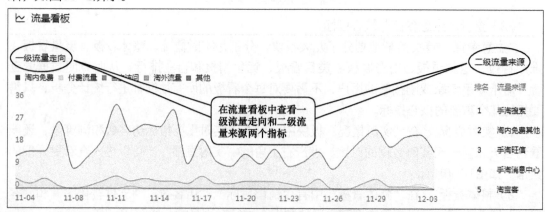

图10-8 "生意参谋"中的"流量看板"

4)行业排行 在"行业排行"板块中有"店铺""商品"和"搜索词"三个指标。通过"行业排行",可以知道交易指数前100名的店铺(竞争对手),通过观察竞争对手,可以发现自己店铺的不足,找到问题点,做相应的调整,如图10-9所示。

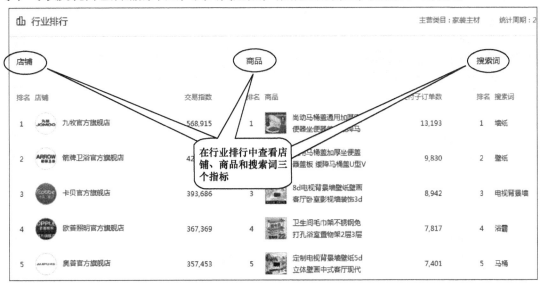

图10-9 "生意参谋"中的"行业排行"

议一议 请登录"生意参谋"平台深入查看各大看板,同时利用网络搜索相关知识,然后议一议淘宝中小卖家主要看"生意参谋"的哪些数据?

活动二 网店数据统计分析与效果评估

活动描述

在活动一中,李成响团队借助"生意参谋"工具,知道了网店数据统计分析的核心指标,谢经理告诉大家不仅要看懂指标,还要能够对数据进行分析,找出店铺存在的问题,制订并实施优化方案,并对实施前后效果进行评估。谢经理以一个真实的店铺为例,带领大家进行分析,帮助大家掌握数据统计分析的步骤和方法。

活动实施

第一步:通过案例分析,掌握数据统计分析的步骤和方法。

案例10-2

"传承大自然地板"店铺开设以来运营正常,但是经营状况时好时坏,很不稳定。出现这种情况的原因是什么呢?店铺决定从数据入手,对几个核心指标进行数据统计分析,希望能够发现问题所在。

1. 对每个月的基础数据进行收集整理

图10-10和图10-11是店铺2018年1月的基础数据。该月内共有372个淘宝买家访问了店铺。只有3个买家进行了支付，支付转化率是0.81%。对于中小卖家来说，流量和转化率是必须要关注的。

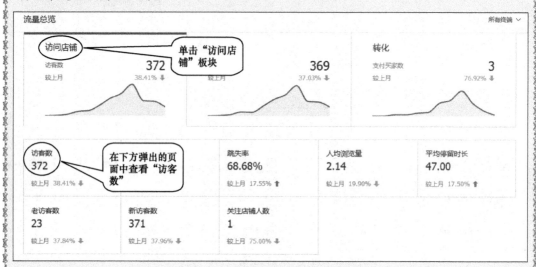

图10-10 "生意参谋"中的"访问店铺"数据

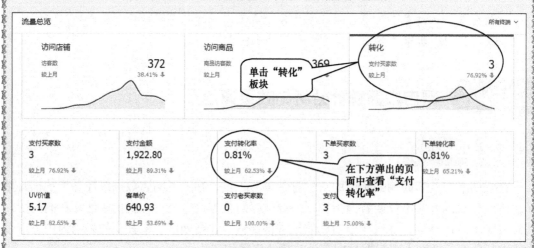

图10-11 "生意参谋"中的"支付转化"数据

2. 对数据进行比较分析，发现问题

只有通过对数据进行比较分析，才能发现问题，有针对性地对网店的营销策略进行调整和优化。

表10-1是"传承大自然地板"店铺2018年3月和4月的流量来源数据，通过比较发现两个问题：①所有流量均为站内流量，站外没有流量；②站内流量，4月比3月少了许多。针对这两个问题需要进行引流策略方案的优化。

表10-2是2018年该店铺第二个季度和第三个季度的支付转化率情况，从表中可以看出，第二季度的转化率比第三季度的转化率低了0.88%，针对这个变化需要查找转化率降低的原因且进行优化。

表10-1 "传承大自然地板"2018年3月和4月流量来源数据对比 （单位：人次）

流量来源			3月	4月
站内流量	淘内免费	手淘搜索	3264	1564
		淘内免费其他	401	152
		手淘旺信	214	115
	付费流量	直通车	208	77
		淘宝客	134	67
	自主访问	购物车	185	137
		我的淘宝	96	78
站外流量		淘外网站	0	0
		淘外App	0	0
		站外投放	0	0
		其他来源	0	0

表10-2 "传承大自然地板"2018年第二季度和第三季度支付转化率源数据对比

知识加油站

1．支付转化率

在所选时间内，购买产品的人与访问店铺的人的比值，即访客转化为支付买家的比例称为支付转化率。计算公式：支付转化率=支付买家数/访客数。转化率越高代表发生购买的人数占进店人数的比例越高，即意味着购买人数越多。

2．流量来源的分类

流量可以分为站外流量和站内流量。站外流量包括通过搜索引擎、淘外网站、淘外App、论坛和微博等渠道接入的流量。站内流量可以分为三大类：免费、付费和自主访问，如图10-12所示。

3．查看流量、转换率两个核心指标的必要性

流量的多少关系到店铺的排名，宝贝被搜索的概率。流量越多，买家在搜索同件宝贝时您的宝贝就越靠前；能够增加店铺浏览量和客源；能够大大提高店铺的排名和曝光率。支付转化率是店铺最核心的数据，有转化才会有成交，没有转化再多的流量都是空话。支付转化率能够衡量店铺产品的受欢迎程度和宣传效果。

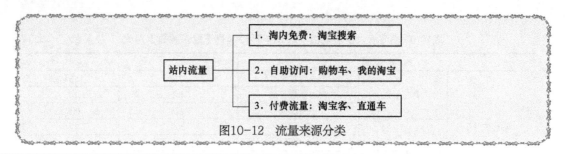

图10-12 流量来源分类

> **想一想**
>
> 请想一想,假如你是店主,看到这些统计数据后会怎么做呢?

第二步:对营销策略进行调整并实施,进行效果评估。

案例10-3

"传承大自然地板"店铺通过对核心数据进行对比分析后,找出问题,然后制订优化方案对店铺营销策略进行调整。

(1)提升站内流量 对于中小卖家来说,通过淘宝自然搜索引入的流量是最常见的,也是被淘宝自家默认最高等级的。可以从以下几个方面进行优化:

首先写好宝贝标题,"促销手段+宝贝卖点+热搜关键词"构成了最优标题。其次美化主图,检查是否与同行主图相似、文案类似、是否吸引人。如图10-13所示,左边的是优化之前的主图,右边是优化之后的主图,优化后的主图增加了活动信息,突出了产品优惠的价格,与优化之前相比更加吸人眼球。另外,通过优化上下架、优化详情页和优化服务等也可以进行流量的提升。

强化复合木地板12mm家装家用卧室地热防水复古浮雕厂家直销特价
¥39.90

强化复合木地板12mm家装家用卧室地热防水复古浮雕厂家直销特价
¥39.90

图10-13 主图优化前后对比

(2)提升站外流量 上述比较中我们得出该店的站外流量还是空白,那就需要增加站外的推广从而提升流量。我们可以在微博、微信、QQ、360网站和论坛等站外热门推广渠道进行推广。

（3）提高支付转化率　详情页美观程度、买家评价、同行低价款和关键词精准度是影响支付转化率的重要因素。卖家在商品详情页中使用高清产品图，并增加施工安装图和买家秀，让买家信服以增加支付转化率，如图10-14所示。

图10-14　现场施工和买家秀

（4）效果评估　经过对店铺营销策略进行优化并实施后，"传承大自然地板" 6月的流量有了大幅提升，达到5000人次之多，并且也有了站外流量的引入，见表10-3。支付转化率也上升到3.02%，如图10-15所示。

表10-3　"传承大自然地板"2018年3月、4月和6月店铺流量数据比较

	流量来源		3月	4月	6月
站内流量	淘内免费	手淘搜索	3264	1564	4064
		淘内免费其他	401	152	702
		手淘旺信	214	115	345
	付费流量	直通车	208	77	312
		淘宝客	134	67	117
	自主访问	购物车	185	137	189
		我的淘宝	96	78	148
站外流量		淘外网站	0	0	15
		淘外App	0	0	0
		站外投放	0	0	12
		其他来源	0	0	10

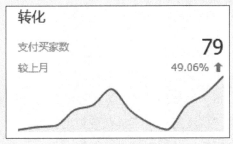

图10-15　"传承大自然地板"2018年6月店铺支付转化率数据

试一试 图10-16是"传承大自然地板"店铺首页的商品主图,请观察一下,此主图是否需要优化?你该如何优化?

图10-16 店铺商品主图

任务评价

利用"生意参谋"获取数据的任务评价见表10-4。

表10-4 利用"生意参谋"获取数据的任务评价

序号	评价项目	自我评价			
		能准确阐述(优)	能阐述(良)	能大概阐述(合格)	不能阐述(不合格)
1	数据统计对网店的重要性				
2	网店数据核心指标				
3	核心指标的作用				
4	网店数据统计分析步骤				
5	网店数据统计分析方法				

教师评价:

任务二 网站数据统计分析

任务介绍

网站在企业网络营销中具有重要的地位和作用,网站数据是网站运营、推广实施及效果评定的重要参数。在本次任务中,我们将借助"百度统计"工具获取数据,理解数据分析对网站运营的重要性,知道网站数据统计分析指标,掌握数据统计分析的步骤和方法,能够运用数据来支撑网站运营。

活动一　利用"百度统计"获取数据

活动描述

李成响团队完成了网店数据统计分析的任务之后,队员们提出了新问题:既然评价了网络营销对网店的效果,那么是否也要对网站的效果进行评价呢?谢经理对大家勇于探究的态度给予了肯定,并且告诉他们这是必要的,可以使用"百度统计"工具来获取数据,知晓网络营销的效果。

活动实施

第一步:通过案例分析,知晓数据统计分析对网站的重要性。

案例10-4

某企业是一家生产休闲食品的企业,有自己的独立网站,希望通过网站宣传企业品牌和推广产品。公司网站运行了一段时间后,网站运营人员对于"网站有多少人看过""谁在访问网站""网站为什么被喜欢,哪些地方还可以再深入"等问题却不能给出准确的数据,无法知道网站是否达到了营销宣传的效果。于是公司网站运营专员通过上网搜索了解到,这些问题需要数据统计才能够知晓答案,而"百度统计"正是可以解决上述问题的工具之一。

通过"百度统计"对网站进行为期一个月的监控,发现平均每日的浏览量不足200人次,访客数不足100个,跳出率达到了93.33%,平均访问时长不足1分钟,如图10-17所示。这些数据充分证明了公司网站没有达到目的,其作用微乎其微。于是网站通过"百度统计"进行数据统计分析后,在2018年进行了大的调整,增加了产品的种类,更换了产品包装,从土气的品牌形象转身变为有品质、有品位的企业形象,同时增加了宣传推广力度,成功转型为深受广大消费者喜爱的知名品牌企业。网站每日的浏览量也急速提升到近1200人次,访客数达到近1000个,跳出率下降到75.33%,访问时长增加到两分半钟,如图10-18所示。

今日流量				
	浏览量(PV)	访客数(UV)	跳出率	平均访问时长
今日	158	89	93.33%	00:00:43

图10-17　网站优化前的各项数据

今日流量				
	浏览量(PV)	访客数(UV)	跳出率	平均访问时长
今日	1189	989	75.33%	00:02:32

图10-18　网站优化后的各项数据

知识链接

数据统计对网站的作用如下：
1. **监控网站运营状态**
搜集浏览量和点击率等数据，分析其变化，继而从各个角度了解网站的运营状态。
2. **提升网站推广效果**
通过数据分析可对推广效果进行评估，指导网站的推广方式，提升推广效果。
3. **优化网站结构**
网站布局是否合理，吸引力够不够，都可以通过数据发现问题。针对问题提出可行的解决方案，从而帮助网站进行内容优化及页面布局。
4. **提升访客对网站的黏度**
通过网站流量和点击率等数据的分析，了解访问者的行为，以及其关注的内容，从而找到留住访问者的方法以增加用户体验。

想一想

请想一想该企业网站是如何发现问题的呢？针对问题该企业做了哪些调整优化呢？

议一议

若将访问网站比作是逛超市，请讨论一下网站运营者需要获得哪方面的数据呢？请将讨论结果对应地填入图10-19的方框里。

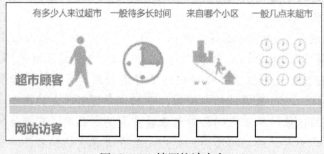

图10-19 填写统计内容

第二步：认识"百度统计"工具，知晓网站数据统计分析的核心指标。

知识链接

"百度统计"（tongji.baidu.com）是百度推出的一款稳定、免费、专业、安全的数据统计、分析工具。"百度统计"提供了丰富的数据指标、图形化报告，全程追踪访客的行为路径，能够告诉用户访客如何找到并浏览用户的网站，以及访客在网站上的行为习惯，可以帮助用户及时了解推广方案和效果，从而找出网站营销中存在的问题，帮助用户发掘高转化率页面，让企业营销更加精确有效。

1. 注册账号

如果没有账号，就需要进行注册才能使用百度统计。输入网址登录"百度统计"首页，单击页面右上角的"注册"按钮，就可以进行注册。注册的时候根据自身的实际需求选择账户类型，如图10-20所示。

图10-20 "百度统计"的账户分类

2. 登录

登录"百度统计"平台（https://tongji.baidu.com/web/welcome/login），已有"百度统计"账号的用户可以直接点击登录，输入用户名和密码进行登录，如图10-21所示。

图10-21 "百度统计"登录首页

3. 查看网站数据

"百度统计"划分了六个重要板块，分别是流量分析、来源分析、访问分析、转化分析、访客分析和优化分析,每个板块都各具功能。在"百度统计"页面的左侧为网站导航,在导航里可以快速找到这六个板块,如图10-22所示。

图10-22 "百度统计"六大数据板块

(1)网站流量数据分析 单击"流量分析"按钮,右侧就会出现实时访客数据,还可以查看一段时间内用户网站的流量趋势变化,及时了解一段时间内网民对用户网站的关注情况及各种推广活动的效果,如图10-23所示。"百度统计"可以针对不同的地域对用户网站的流量进行细分。

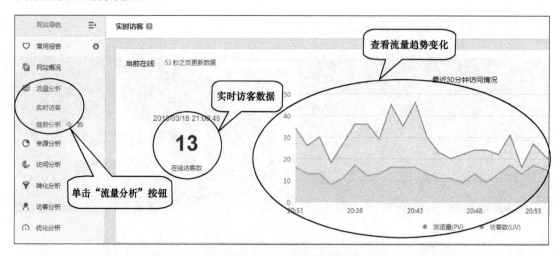

图10-23 网站流量数据分析

(2)访问来源数据分析 单击"来源分析"按钮,右侧就会出现"来源类型"和"来源网站"选项按钮,单击按钮即可直接获得不同渠道的访问来源分类数据,如图10-24所示。网站的访问来源主要包括直接访问、搜索引擎访问和外部链接访问等。网站访问来源数据分析一方面便于评估当前的推广效果,另一方面能帮助寻找网站推广的盲区。

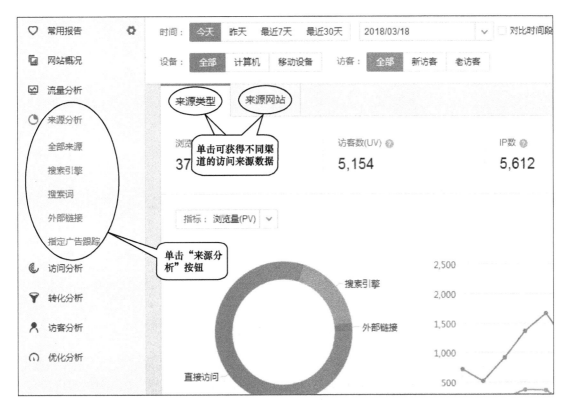

图10-24　访问来源数据分析

（3）访问数据分析　单击"访问分析"按钮，右侧就会出现对应的数据，查看访客对用户网站内各个页面的访问情况，及时了解哪些页面最吸引访客，以及哪些页面最容易导致访客流失，从而帮助用户更有针对性地改善网站质量，如图10-25所示。

图10-25　访问数据分析

（4）转化数据分析　单击"转化分析"按钮，右侧就会出现对应的数据，通过数据分析获知用户网站的转化目标页面，帮助用户有效地评估与提升网络营销投资回报率，监控转化效果，有针对性地发现问题、提升转化，如图10-26所示。

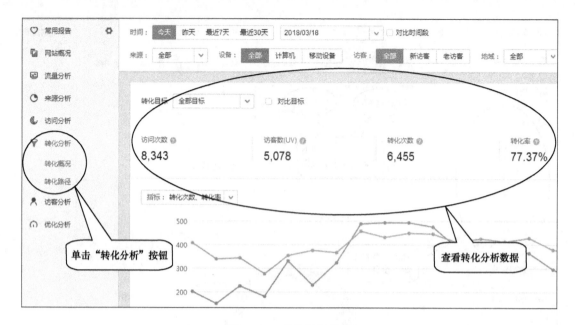

图10-26 转化数据分析

（5）访客数据分析　单击"访客分析"按钮，右侧就会出现对应的数据，通过数据可以查看访客从什么地区来，使用何种系统环境，男女年龄比例等信息，如图10-27所示。

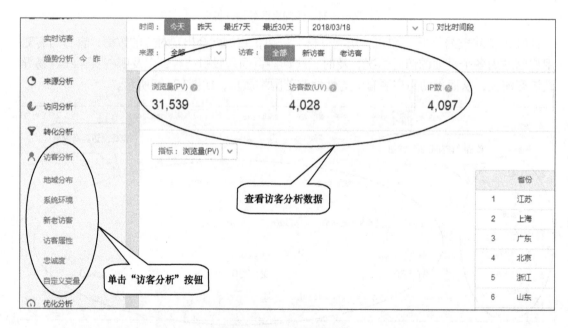

图10-27 访客数据分析

（6）优化数据分析　单击"优化分析"按钮，右侧就会出现相应的选项，单击这些选项可出现对应的数据，通过数据可知晓网站对搜索引擎的友好程度，能对网站进行诊断并提出优化的官方建议，评估网站推广效果或查找变化原因，如图10-28所示。

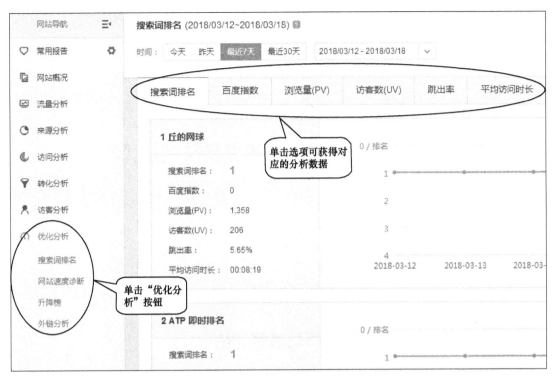

图10-28 优化数据分析

知识链接 》》》

通过对"百度统计"工具功能的认识,可归纳出网站数据统计分析的核心指标,见表10-5。

表10-5 网站数据统计分析核心指标

核心指标	指标含义
浏览量	即PV,页面浏览量或点击率,在一定统计周期内用户每刷新网页一次即被计算一次
访客数	即UV,访问网站的一台计算机客户端为一个访客,00:00—24:00相同的客户端只被计算一次
访问来源	网站的流量来源可以分为直接流量、外部链接、搜索引擎
访问时长	访问中最后一个页面打开时间与访问开始时间之差。访问时长越长,代表内容对用户越有吸引力
跳出率	仅浏览了一个页面就离开网站的访问次数占总访问次数的比例。跳出率越低越好

试一试

请在了解了"百度统计"的功能和网站数据统计的核心指标后,试着将核心指标对应填入图10-29中的椭圆框中。

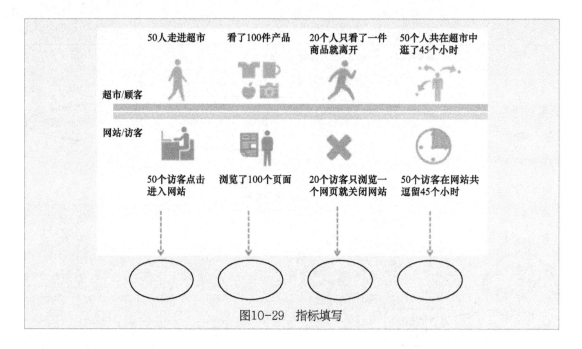

图10-29 指标填写

活动二 网站数据统计分析与效果评估

活动描述

在上一个活动中,李成响团队认识了"百度统计"工具,知道了网站数据统计分析的核心指标。谢经理告诉大家不仅要能看懂指标,还要能够对数据进行分析,找出网站存在的问题,制订并实施优化方案,并对实施前后效果进行评估。谢经理仍以该食品企业为例,带领大家继续探究,帮助大家掌握数据统计分析的步骤和方法。

活动实施

第一步:通过案例分析,掌握数据统计分析的步骤和方法。

案例10-5

该食品企业知道了数据统计的重要性后,是如何操作的呢?

(1)查看报告,搜集基础数据。进入"百度统计"报告页面,单击"网站概况",查看网站当日的基础数据:浏览量为1727人次,访客数为1290个,跳出率为83.33%,平均访问时长为3分58秒,如图10-30所示。对这些数据进行收集整理,是进行对比分析的基础。

(2)分析数据,对比发现问题。表10-6是该食品企业网站9月和10月的数据对比。从数据中我们可以发现这样两个问题:第一,该网站整体指标都在下滑,那么就需要对营销策略进行重新调整;第二,我们对指标进行细化分析,发现访问来源中外部链接下滑比较厉害。

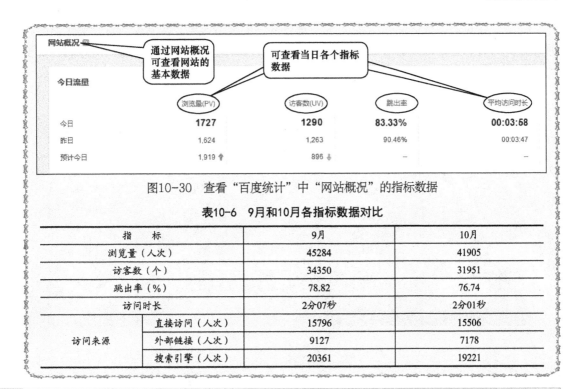

图10-30 查看"百度统计"中"网站概况"的指标数据

表10-6 9月和10月各指标数据对比

指标		9月	10月
浏览量(人次)		45284	41905
访客数(个)		34350	31951
跳出率(%)		78.82	76.74
访问时长		2分07秒	2分01秒
访问来源	直接访问(人次)	15796	15506
	外部链接(人次)	9127	7178
	搜索引擎(人次)	20361	19221

议一议 请登录"百度统计"平台深入查看各大板块,同时利用网络搜索相关知识,然后议一议中小企业主要看"百度统计"的哪些数据?

第二步:制订并实施优化方案,进行效果评估。

1. 制订并实施优化方案

通过数据的对比分析,该企业找到问题所在,针对问题制订如下优化方案:

(1)加强促销力度,提升网站推广效果 抓住客户心理,采用低价策略,加强促销力度,从而赢得访客的关注和购买。如图10-31所示,不仅推出了买3送1的活动,还有领优惠券和包邮的活动。

图10-31 促销页面

（2）美化页面，优化网站结构　　为了提升网站的营销效果，网站重新设计美化页面，提升网页的吸引力，提高访客的购买欲望，同时对整个网站结构进行调整，使导航栏目设计更符合访客的喜好、页面功能划分清楚、页面美观大方，如图10-32所示。

图10-32　优化网站结构

（3）提升访客对网站的黏性　　网站的目标在于保持老用户，拓展新用户。所以，一方面通过在热门社区、论坛、微博和微信等平台投放广告吸引新顾客的关注；另一方面通过采用会员制、积分兑换产品的活动吸引老顾客的参与，从而使得访客数稳中有升，达到提升访客对网站黏性的效果，如图10-33所示。

 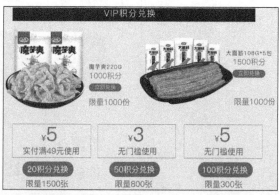

图10-33　提升客户黏度

2. 效果评估

优化方案实施一段时间后，企业再次进行数据统计，11月的各项指标数据都有了不同程度的上升，特别是访客数和外部链接数据上升明显，说明优化后的营销方案行之有效，推广渠道精准，促销活动有吸引力，见表10-7。

表10-7　9月、10月和11月各指标数据对比

指　　标		9月	10月	11月
浏览量（人次）		45284	41905	50227
访客数（个）		34350	31951	37639
跳出率（%）		78.82	76.74	70.28
访问时长		2分07秒	2分01秒	4分16秒
访问来源	直接访问（人次）	15796	15506	15902
	外部链接（人次）	9127	7178	12500
	搜索引擎（人次）	20361	19221	21825

试一试

以下是一组访问来源的数据，你能否分析出直接访问、外部链接和搜索引擎哪个引来的流量最多？

Top10来源网站		
来源网站	浏览量(PV)	占比
百度	132	46.64%
直接访问	79	27.92%
fengchao.baidu.com	19	6.71%
360搜索	18	6.36%
yingxiao.baidu.com	12	4.24%
u.baidu.com	8	2.83%
搜狗	8	2.83%
www.bing.com	6	2.12%
rj.baidu.com	1	0.35%

任务评价

网站数据统计分析的任务评价见表10-8。

表10-8　网站数据统计分析的任务评价

序　号	评价项目	自我评价			
		能准确阐述（优）	能阐述（良）	能大概阐述（合格）	不能阐述（不合格）
1	数据统计对网站的作用				
2	网站数据核心指标				
3	核心指标的含义				
4	网站数据统计分析步骤				
教师评价：					

项目总结

本项目的主要内容包括网店数据统计分析和网站数据统计分析两个学习任务。

网店数据分析主要是让同学们知道数据统计分析对网店的重要性，并且能够运用"生意参谋"工具对网店数据进行统计分析。在此过程中要掌握数据分析的核心指标，掌握数据统计的步骤和方法从而优化网店。

网站数据分析主要是让同学们知道数据统计分析对网站的重要性，并且能够运用"百度统计"工具对网站数据进行统计分析。在此过程中要掌握网站数据分析的核心指标，掌握数据统计的步骤和方法从而优化网站。

项目练习

一、不定项选择题

1. 下面属于付费流量的是（　　）。
   A. 淘宝客　　　　B. 直通车　　　　C. 钻石展位　　　　D. 购物车
2. "生意参谋"首页清晰地划分了九大板块，除了实时概况、整体看板、流量看板、推广看板，还有（　　）。
   A. 退款看板　　　B. 财务看板　　　C. 类目看板　　　D. 竞争情报
   E. 行业排行
3. 站外流量包括（　　）。
   A. 搜索引擎　　　B. 淘外网站　　　C. 淘外App　　　D. 论坛
   E. 微博
4. "百度统计"数据分析核心指标有（　　）。
   A. 浏览量　　　　B. 访客数　　　　C. 访问来源　　　D. 访问时长
   E. 跳出率
5. 网站访问来源有（　　）。
   A. 直接访问　　　B. 外部链接　　　C. 搜索引擎

二、判断题

1. 访问网站的一台计算机客户端为一个访客，00:00—24:00相同的客户端只被计算一次。（　　）
2. 流量可以分为站外流量和站内流量。站内流量可以分为免费、付费和自主访问三大类。（　　）
3. 浏览量即UV，访客数即PV。（　　）
4. 50个访客在某网站共逗留45个小时，可以计算出平均访问时长。（　　）
5. 跳出率越高，代表网页对用户的吸引程度越低。（　　）

三、简答题

1. 什么是支付转化率？什么是跳出率？
2. 对网店进行数据统计的工具是什么？对网站进行数据统计的工具是什么？
3. 数据统计对网店的作用有哪些？
4. 数据统计对网站的作用有哪些？

参 考 文 献

[1] 冯英健. 网络营销基础与实践[M]. 5版. 北京：清华大学出版社，2016.
[2] 惠亚爱，乔晓娟. 网络营销：推广与策划[M]. 北京：人民邮电出版社，2016.
[3] 商玮，段建. 网络营销[M]. 2版. 北京：清华大学出版社，2012.
[4] 方玲玉. 网络营销实务[M]. 北京：高等教育出版社，2014.
[5] 王峻，纪幼玲. 网络营销实务[M]. 北京：人民邮电出版社，2013.
[6] 戴恩勇，袁超. 网络营销[M]. 北京：清华大学出版社，2015.
[7] 张发凌. 新手开网店 一本就够[M]. 北京：人民邮电出版社，2014.
[8] 黄文莉. 网上开店实务[M]. 北京：机械工业出版社，2016.
[9] 胡卫夕，宋逸. 微博营销[M]. 北京：机械工业出版社，2012.
[10] 梁晓涛. 微博[M]. 武汉：武汉大学出版社，2013.
[11] 李开复. 微博 改变一切[M]. 上海：上海财经大学出版社，2011.
[12] 刘春青. 网络营销实务[M]. 北京：外语教学与研究出版社，2015.
[13] 秋叶. 新媒体数据分析 概念、工具、方法[M]. 北京：人民邮电出版社，2017.
[14] 何俊. 网络文案岗位实训[M]. 北京：高等教育出版社，2013.